TRANZLATY

Sprache ist für alle da

Dil herkes içindir

Das Kommunistische Manifest

Komünist Manifesto

Karl Marx
&
Friedrich Engels

Deutsch / Türkçe

Published by Tranzlaty
ISBN: 978-1-80572-345-5
Original text by Karl Marx and Friedrich Engels
The Communist Manifesto
First published in 1848
www.tranzlaty.com

Einleitung
Giriş

Ein Gespenst geht um in Europa – das Gespenst des Kommunismus

Avrupa'ya bir hayalet musallat oluyor - Komünizm hayaleti

Alle Mächte des alten Europa sind eine heilige Allianz eingegangen, um dieses Gespenst auszutreiben

Eski Avrupa'nın tüm güçleri, bu hayaleti kovmak için kutsal bir ittifaka girdiler

Papst und Zaren, Metternich und Guizot, französische Radikale und deutsche Polizeispione

Papa ve Çar, Metternich ve Guizot, Fransız Radikalleri ve Alman polis casusları

Wo ist die Oppositionspartei, die von ihren Gegnern an der Macht nicht als kommunistisch verschrien wurde?

İktidardaki muhalifleri tarafından Komünist olarak kınanmayan muhalefetteki parti nerede?

Wo ist die Opposition, die nicht den Brandvorwurf des Kommunismus gegen die fortgeschritteneren Oppositionsparteien zurückgeschleudert hat?

Daha ileri muhalefet partilerine karşı Komünizmin damgasını vurmayan Muhalefet nerede?

Und wo ist die Partei, die den Vorwurf nicht gegen ihre reaktionären Gegner erhoben hat?

Ve gerici hasımlarına karşı suçlamada bulunmayan parti nerede?

Aus dieser Tatsache ergeben sich zweierlei

Bu gerçekten iki şey ortaya çıkar

I. Der Kommunismus wird bereits von allen europäischen Mächten als eine Macht anerkannt

I. Komünizm, tüm Avrupa güçleri tarafından kendisinin bir güç olduğu kabul edilmiştir

II. Es ist höchste Zeit, dass die Kommunisten ihre Ansichten, Ziele und Tendenzen offen vor der ganzen Welt offenlegen

II. Komünistlerin görüşlerini, amaçlarını ve eğilimlerini tüm dünyanın gözü önünde açıkça yayınlamalarının zamanı gelmiştir

sie müssen diesem Kindermärchen vom Gespenst des Kommunismus mit einem Manifest der Partei selbst begegnen

Komünizm Hayaleti'nin bu çocuk masalını partinin kendisinin bir Manifestosu ile karşılamalılar.

Zu diesem Zweck haben sich Kommunisten verschiedener Nationalitäten in London versammelt und folgendes Manifest entworfen

Bu amaçla, çeşitli milliyetlerden komünistler Londra'da toplandılar ve aşağıdaki Manifesto'yu çizdiler

Dieses Manifest wird in deutscher, englischer, französischer, italienischer, flämischer und dänischer Sprache veröffentlicht

bu manifesto İngilizce, Fransızca, Almanca, İtalyanca, Flamanca ve Danca dillerinde yayınlanacaktır

Und jetzt soll es in allen Sprachen veröffentlicht werden, die Tranzlaty anbietet

Ve şimdi Tranzlaty'nin sunduğu tüm dillerde yayınlanacak

Bourgeois und Proletarier
Burjuvalar ve Proleterler

Die Geschichte aller bisherigen Gesellschaften ist die Geschichte der Klassenkämpfe

Şimdiye kadar var olan tüm toplumların tarihi, sınıf mücadelelerinin tarihidir

Freier und Sklave, Patrizier und Plebejer, Herr und Leibeigener, Zunftmeister und Geselle

Hür ve köle, aristokrat ve pleb, lord ve serf, lonca ustası ve kalfa

mit einem Wort, Unterdrücker und Unterdrückte

tek kelimeyle, ezen ve ezilen

Diese sozialen Klassen standen in ständiger Opposition zueinander

Bu sosyal sınıflar sürekli olarak birbirlerine karşı duruyorlardı

Sie führten einen ununterbrochenen Kampf. Jetzt versteckt, jetzt offen

Kesintisiz bir mücadele sürdürdüler. Şimdi gizli, şimdi açık

Ein Kampf, der entweder in einer revolutionären Rekonstitution der Gesellschaft als Ganzes endete

ya toplumun genel olarak devrimci bir şekilde yeniden kurulmasıyla sonuçlanan bir kavga

oder ein Kampf, der im gemeinsamen Ruin der streitenden Klassen endete

ya da çatışan sınıfların ortak yıkımıyla sonuçlanan bir kavga

Blicken wir zurück auf die früheren Epochen der Geschichte

Tarihin daha önceki dönemlerine bakalım

Wir finden fast überall eine komplizierte Einteilung der Gesellschaft in verschiedene Ordnungen

Hemen hemen her yerde, toplumun çeşitli düzenler halinde karmaşık bir şekilde düzenlendiğini görüyoruz

Es gab schon immer eine mannigfaltige Abstufung des sozialen Ranges

Her zaman çok yönlü bir sosyal rütbe derecesi olmuştur

Im alten Rom gibt es Patrizier, Ritter, Plebejer, Sklaven

Antik Roma'da patrisyenler, şövalyeler, plebler, köleler var

im Mittelalter: Feudalherren, Vasallen, Zunftmeister, Gesellen, Lehrlinge, Leibeigene

Orta Çağ'da: feodal beyler, vasallar, lonca ustaları, kalfalar, çıraklar, serfler

In fast allen diesen Klassen sind wiederum untergeordnete Abstufungen

Bu sınıfların hemen hepsinde, yine, alt dereceler

Die moderne Bourgeoisie Gesellschaft ist aus den Trümmern der feudalen Gesellschaft hervorgegangen

Modern Burjuva toplumu, feodal toplumun yıkıntılarından filizlenmiştir

Aber diese neue Gesellschaftsordnung hat die Klassengegensätze nicht beseitigt

Ancak bu yeni toplumsal düzen, sınıf karşıtlıklarını ortadan kaldırmadı

Sie hat nur neue Klassen und neue Unterdrückungsbedingungen geschaffen

Sadece yeni sınıflar ve yeni baskı koşulları yarattı

Sie hat neue Formen des Kampfes an die Stelle der alten gesetzt

Eskilerin yerine yeni mücadele biçimleri kurmuştur

Die Epoche, in der wir uns befinden, weist jedoch eine Besonderheit auf

Bununla birlikte, kendimizi içinde bulduğumuz çağın ayırt edici bir özelliği vardır

die Epoche der Bourgeoisie hat die Klassengegensätze vereinfacht

Burjuvazi çağı, sınıf karşıtlıklarını basitleştirdi

Die Gesellschaft als Ganzes spaltet sich mehr und mehr in zwei große feindliche Lager

Toplum bir bütün olarak giderek iki büyük düşman kampa bölünüyor

zwei große soziale Klassen, die sich direkt gegenüberstehen: Bourgeoisie und Proletariat

doğrudan karşı karşıya gelen iki büyük toplumsal sınıf: Burjuvazi ve Proletarya

Aus den Leibeigenen des Mittelalters gingen die Bürger der ersten Städte hervor

Orta Çağ'ın serflerinden, en eski şehirlerin imtiyazlı kasabalıları ortaya çıktı

Aus diesen Bürgern entwickelten sich die ersten Elemente der Bourgeoisie

Bu burgeslerden Burjuvazinin ilk unsurları geliştirildi

Die Entdeckung Amerikas und die Umrundung des Kaps

Amerika'nın keşfi ve Cape'in yuvarlanması

diese Ereignisse eröffneten der aufstrebenden Bourgeoisie neues Terrain

bu olaylar yükselen burjuvazi için yeni bir zemin açtı

Die ostindischen und chinesischen Märkte, die Kolonisierung Amerikas, der Handel mit den Kolonien

Doğu-Hindistan ve Çin pazarları, Amerika'nın sömürgeleştirilmesi, sömürgelerle ticaret

die Vermehrung der Tauschmittel und der Waren überhaupt

Değişim araçlarındaki ve genel olarak metalardaki artış

Diese Ereignisse gaben dem Handel, der Schiffahrt und der Industrie einen nie gekannten Impuls

Bu olaylar ticarete, denizciliğe ve endüstriye daha önce hiç bilinmeyen bir ivme kazandırdı

Sie gab dem revolutionären Element in der wankenden feudalen Gesellschaft eine rasche Entwicklung

sendeleyen feodal toplumdaki devrimci unsura hızlı bir gelişme sağladı

Geschlossene Zünfte hatten das feudale System der industriellen Produktion monopolisiert

Kapalı loncalar, feodal endüstriyel üretim sistemini tekelleştirmişti

Doch das reichte den wachsenden Bedürfnissen der neuen Märkte nicht mehr aus

Ancak bu, yeni pazarların artan istekleri için artık yeterli değildi

Das Manufaktursystem trat an die Stelle des feudalen Systems der Industrie

Üretim sistemi, feodal sanayi sisteminin yerini aldı

Die Zunftmeister wurden vom produzierenden Bürgertum auf die Seite gedrängt

Lonca ustaları, manüfaktür orta sınıfı tarafından bir tarafa itildi

Die Arbeitsteilung zwischen den verschiedenen korporativen Innungen verschwand

Farklı şirket loncaları arasındaki işbölümü ortadan kalktı

Die Arbeitsteilung durchdrang jede einzelne Werkstatt

İş bölümü her bir atölyeye nüfuz etti

In der Zwischenzeit wuchsen die Märkte immer weiter und die Nachfrage stieg immer weiter

Bu arada, pazarlar sürekli büyümeye ve talep artmaya devam etti

Selbst Fabriken reichten nicht mehr aus, um den Anforderungen gerecht zu werden

Fabrikalar bile artık talepleri karşılamaya yetmiyordu

Daraufhin revolutionierten Dampf und Maschinen die industrielle Produktion

Bunun üzerine buhar ve makineler endüstriyel üretimde devrim yarattı

An die Stelle der Manufaktur trat der Riese, die moderne Industrie

Üretim yeri dev, Modern Endüstri tarafından alındı

An die Stelle des industriellen Mittelstandes traten industrielle Millionäre

Endüstriyel orta sınıfın yerini sanayi milyonerleri aldı

an die Stelle der Führer ganzer Industriearmeen trat die moderne Bourgeoisie

bütün sanayi ordularının liderlerinin yerini modern burjuvazi aldı

die Entdeckung Amerikas ebnete der modernen Industrie den Weg zur Etablierung des Weltmarktes

Amerika'nın keşfi, modern endüstrinin dünya pazarını kurmasının yolunu açtı

Dieser Markt gab dem Handel, der Schifffahrt und der Kommunikation auf dem Landweg eine ungeheure Entwicklung

Bu pazar, kara yoluyla ticaret, denizcilik ve iletişime muazzam bir gelişme sağladı

Diese Entwicklung hat seinerzeit auf die Ausdehnung der Industrie reagiert

Bu gelişme, zamanında, sanayinin genişlemesine tepki gösterdi

Sie reagierte in dem Maße, wie sich die Industrie ausbreitete, und wie sich Handel, Schiffahrt und Eisenbahn ausdehnten

Sanayinin nasıl genişlediği ve ticaretin, navigasyonun ve demiryollarının nasıl genişlediği ile orantılı olarak tepki verdi

in demselben Maße, in dem sich die Bourgeoisie entwickelte, vermehrte sie ihr Kapital

Burjuvazinin geliştiği oranda, sermayelerini artırdılar

und das Bourgeoisie drängte jede aus dem Mittelalter überlieferte Klasse in den Hintergrund

ve Burjuvazi, Orta Çağ'dan kalan her sınıfı geri plana itti

daher ist die moderne Bourgeoisie selbst das Produkt eines langen Entwicklungsganges

bu nedenle modern burjuvazinin kendisi uzun bir gelişme sürecinin ürünüdür

Wir sehen, dass es sich um eine Reihe von Revolutionen in der Produktions- und Tauschweise handelt

Bunun, üretim ve değişim tarzlarında bir dizi devrim olduğunu görüyoruz

Jeder Schritt der Bourgeoisie Entwicklung ging mit einem entsprechenden politischen Fortschritt einher

Burjuvazinin her kalkınmacı adımına, buna karşılık gelen bir siyasi ilerleme eşlik etti

Eine unterdrückte Klasse unter der Herrschaft des feudalen Adels

Feodal soyluların egemenliği altında ezilen bir sınıf

ein bewaffneter und selbstverwalteter Verein in der mittelalterlichen Kommune
Ortaçağ komününde silahlı ve kendi kendini yöneten bir dernek
hier eine unabhängige Stadtrepublik (wie in Italien und Deutschland)
burada bağımsız bir kentsel cumhuriyet (İtalya ve Almanya'da olduğu gibi)
dort ein steuerpflichtiger "dritter Stand" der Monarchie (wie in Frankreich)
orada, monarşinin vergilendirilebilir bir "üçüncü mülkü" (Fransa'da olduğu gibi)
Danach, in der Zeit der eigentlichen Herstellung
daha sonra, uygun üretim döneminde
die Bourgeoisie diente entweder der halbfeudalen oder der absoluten Monarchie
Burjuvazi ya yarı-feodal ya da mutlak monarşiye hizmet etti
oder die Bourgeoisie fungierte als Gegengewicht zum Adel
ya da Burjuvazi soylulara karşı bir denge unsuru olarak hareket etti
und in der Tat war die Bourgeoisie ein Eckpfeiler der großen Monarchien überhaupt
ve aslında Burjuvazi genel olarak büyük monarşilerin köşe taşıydı
aber die moderne Industrie und der Weltmarkt haben sich seitdem etabliert
ama Modern Sanayi ve dünya pazarı o zamandan beri kendini kanıtladı
und die Bourgeoisie hat sich die ausschließliche politische Herrschaft erobert
ve Burjuvazi kendisi için özel siyasi egemenliği fethetti
sie erreichte diese politische Herrschaft durch den modernen repräsentativen Staat
bu siyasi hakimiyeti modern temsili Devlet aracılığıyla elde etti

Die Exekutive des modernen Staates ist nichts anderes als ein Verwaltungskomitee

Modern devletin yöneticileri sadece bir yönetim komitesidir

und sie leiten die gemeinsamen Angelegenheiten der gesamten Bourgeoisie

ve tüm burjuvazinin ortak işlerini yönetirler

Die Bourgeoisie hat historisch gesehen eine höchst revolutionäre Rolle gespielt

Burjuvazi, tarihsel olarak, en devrimci rolü oynamıştır

Wo immer sie die Oberhand gewann, machte sie allen feudalen, patriarchalischen und idyllischen Verhältnissen ein Ende

Üstünlüğü ele geçirdiği her yerde, tüm feodal, ataerkil ve pastoral ilişkilere son verdi

Sie hat erbarmungslos die bunten feudalen Bande zerrissen, die den Menschen an seine "natürlichen Vorgesetzten" banden

İnsanı "doğal üstünlerine" bağlayan rengarenk feodal bağları acımasızca parçaladı

Und es ist kein Nexus zwischen Mensch und Mensch übrig geblieben, außer nacktem Eigeninteresse

ve insanla insan arasında, çıplak kişisel çıkar dışında hiçbir bağ bırakmamıştır

Die Beziehungen der Menschen zueinander sind zu nichts anderem geworden als zu einer gefühllosen "Geldzahlung"

İnsanın birbiriyle olan ilişkileri, duygusuz bir "nakit ödeme"den başka bir şey değildir

Sie hat die himmlischsten Ekstasen religiöser Inbrunst ertränkt

Dinsel coşkunun en ilahi coşkusunu boğdu

sie hat ritterlichen Enthusiasmus und philiströsen Sentimentalismus übertönt

şövalye coşkusunu ve dar kafalı duygusallığı boğdu

Sie hat diese Dinge im eisigen Wasser des egoistischen Kalküls ertränkt

Bu şeyleri bencil hesaplamanın buzlu suyunda boğdu

Sie hat den persönlichen Wert in Tauschwert aufgelöst
Kişisel değeri değiştirilebilir değere dönüştürdü
Sie hat die zahllosen und unveräußerlichen verbrieften
Freiheiten ersetzt
sayısız ve uygulanamaz imtiyazlı özgürlüklerin yerini aldı
und sie hat eine einzige, skrupellose Freiheit geschaffen;
Freihandel
ve tek, vicdansız bir özgürlük kurmuştur; Serbest Ticaret
Mit einem Wort, sie hat dies für die Ausbeutung getan
Tek kelimeyle, bunu sömürü için yaptı
Ausbeutung, verschleiert durch religiöse und politische
Illusionen
Dini ve siyasi yanılsamalarla örtülmüş sömürü
Ausbeutung verschleiert durch nackte, schamlose, direkte,
brutale Ausbeutung
çıplak, utanmaz, doğrudan, acımasız sömürü ile örtülmüş
sömürü
die Bourgeoisie hat den Heiligenschein von jedem zuvor
geehrten und verehrten Beruf abgestreift
Burjuvazi, daha önce onurlandırılan ve saygı duyulan her
mesleğin üzerindeki haleyi sıyırdı
der Arzt, der Advokat, der Priester, der Dichter und der
Mann der Wissenschaft
hekim, avukat, rahip, şair ve bilim adamı
Sie hat diese ausgezeichneten Arbeiter in ihre bezahlten
Lohnarbeiter verwandelt
Bu seçkin işçileri ücretli emekçilere dönüştürdü
Die Bourgeoisie hat der Familie den sentimentalen Schleier
weggerissen
Burjuvazi aileden duygusal perdeyi yırttı
Und sie hat das Familienverhältnis auf ein bloßes
Geldverhältnis reduziert
ve aile ilişkisini sadece bir para ilişkisine indirgemiştir
die brutale Zurschaustellung der Kraft im Mittelalter, die
die Reaktionäre so sehr bewundern

Orta Çağ'da Gericilerin çok hayran olduğu acımasız canlılık gösterisi

Auch diese fand ihre passende Ergänzung in der trägesten Trägheit

Bu bile en tembel tembellikte uygun tamamlayıcısını buldu

Die Bourgeoisie hat enthüllt, wie es dazu gekommen ist

Burjuvazi tüm bunların nasıl gerçekleştiğini açıkladı

Die Bourgeoisie war die erste, die gezeigt hat, was die Tätigkeit des Menschen bewirken kann

Burjuvazi, insan etkinliğinin neler getirebileceğini ilk gösteren olmuştur

Sie hat Wunder vollbracht, die ägyptische Pyramiden, römische Aquädukte und gotische Kathedralen bei weitem übertreffen

Mısır piramitlerini, Roma su kemerlerini ve Gotik katedralleri çok aşan harikalar yarattı

und sie hat Expeditionen durchgeführt, die alle früheren Auszüge von Nationen und Kreuzzügen in den Schatten stellten

ve ulusların ve haçlı seferlerinin tüm eski Exodus'larını gölgede bırakan seferler düzenledi

Die Bourgeoisie kann nicht existieren, ohne die Produktionsmittel ständig zu revolutionieren

Burjuvazi, üretim araçlarını sürekli devrimcileştirmeden var olamaz

und damit kann sie nicht ohne ihre Beziehungen zur Produktion existieren

ve bu nedenle üretimle ilişkileri olmadan var olamaz

und deshalb kann sie nicht ohne ihre Beziehungen zur Gesellschaft existieren

ve bu nedenle toplumla ilişkileri olmadan var olamaz

Alle früheren Industrieklassen hatten eine Bedingung gemeinsam

Daha önceki tüm sanayi sınıflarının ortak bir koşulu vardı

Sie setzten auf die Bewahrung der alten Produktionsweisen

Eski üretim tarzlarının korunmasına güveniyorlardı

aber die Bourgeoisie brachte eine völlig neue Dynamik mit sich

ama burjuvazi beraberinde yepyeni bir dinamik getirdi

Ständige Revolutionierung der Produktion und ununterbrochene Störung aller gesellschaftlichen Verhältnisse

Üretimin sürekli devrimcileştirilmesi ve tüm toplumsal koşulların kesintisiz olarak bozulması

diese immerwährende Unsicherheit und Unruhe unterscheidet die Epoche der Bourgeoisie von allen früheren

bu sonsuz belirsizlik ve çalkantı, burjuvazi çağını daha önceki tüm çağlardan ayırır

Die bisherigen Beziehungen zur Produktion waren mit alten und ehrwürdigen Vorurteilen und Meinungen verbunden

Üretimle önceki ilişkiler, eski ve saygıdeğer önyargılar ve görüşlerle geldi

Aber all diese festgefahrenen, eingefrorenen Beziehungen werden hinweggefegt

Ancak tüm bu sabit, hızlı donmuş ilişkiler süpürüldü

Alle neu gebildeten Verhältnisse werden antiquiert, bevor sie erstarren können

Tüm yeni kurulan ilişkiler, kemikleşmeden önce eskimiş hale gelir

Alles, was fest ist, zerschmilzt in Luft, und alles, was heilig ist, wird entweiht

Katı olan her şey havaya karışır ve kutsal olan her şey dünyevileşir

Der Mensch ist endlich gezwungen, mit nüchternen Sinnen seinen wirklichen Lebensbedingungen ins Auge zu sehen

İnsan sonunda ayık duyularla, gerçek yaşam koşullarıyla yüzleşmek zorunda kalır

und er ist gezwungen, sich seinen Beziehungen zu seinesgleichen zu stellen

ve kendi türüyle olan ilişkileriyle yüzleşmek zorunda kalır

Die Bourgeoisie muss ständig ihre Märkte für ihre Produkte erweitern

Burjuvazi, ürünleri için pazarlarını sürekli olarak genişletme ihtiyacı duyar

und deshalb wird die Bourgeoisie über die ganze Erdoberfläche gejagt

ve bu nedenle, Burjuvazi dünyanın tüm yüzeyinde kovalanır

Die Bourgeoisie muss sich überall einnisten, sich überall niederlassen, überall Verbindungen herstellen

Burjuvazi her yere yerleşmeli, her yere yerleşmeli, her yerde bağlantılar kurmalıdır

Die Bourgeoisie muss in jedem Winkel der Welt Märkte schaffen, um sie auszubeuten

Burjuvazi dünyanın her köşesinde sömürmek için pazarlar yaratmalıdır

Die Produktion und der Konsum in jedem Land haben einen kosmopolitischen Charakter erhalten

Her ülkede üretim ve tüketime kozmopolit bir karakter kazandırılmıştır

der Verdruss der Reaktionäre ist mit Händen zu greifen, aber er hat sich trotzdem fortgesetzt

Gericilerin üzüntüsü aşikardır, ancak ne olursa olsun devam etmiştir

Die Bourgeoisie hat der Industrie den nationalen Boden, auf dem sie stand, unter den Füßen weggezogen

Burjuvazi, üzerinde durduğu ulusal zemini sanayinin ayaklarının altından çekmiştir

Alle alteingesessenen nationalen Industrien sind zerstört worden oder werden täglich zerstört

Tüm eski ulusal endüstriler yok edildi ya da her gün yok ediliyor

Alle alteingesessenen nationalen Industrien werden durch neue Industrien verdrängt

Tüm eski yerleşik ulusal endüstriler yeni endüstriler tarafından yerinden edildi

Ihre Einführung wird zu einer Frage von Leben und Tod für alle zivilisierten Völker

Onların tanıtımı tüm uygar uluslar için bir ölüm kalım
meselesi haline gelir

**Sie werden von Industrien verdrängt, die keine heimischen
Rohstoffe mehr verarbeiten**

Artık yerli hammadde üretmeyen endüstriler tarafından
yerinden ediliyorlar

**Stattdessen beziehen diese Industrien Rohstoffe aus den
entlegensten Zonen**

Bunun yerine, bu endüstriler hammaddeleri en uzak
bölgelerden çekiyor

**Industrien, deren Produkte nicht nur zu Hause, sondern in
allen Teilen der Welt konsumiert werden**

Ürünleri sadece evde değil, dünyanın her çeyreğinde tüketilen
endüstriler

**An die Stelle der alten Bedürfnisse, die durch die
Erzeugnisse des Landes befriedigt werden, treten neue
Bedürfnisse**

Ülkenin üretimleriyle tatmin edilen eski isteklerin yerine yeni
istekler buluyoruz

**Diese neuen Bedürfnisse bedürfen zu ihrer Befriedigung
der Produkte aus fernen Ländern und Klimazonen**

Bu yeni ihtiyaçlar, tatmini için uzak diyarların ve iklimlerin
ürünlerini gerektirir

**An die Stelle der alten lokalen und nationalen
Abgeschiedenheit und Selbstversorgung tritt der Handel**

Eski yerel ve ulusal inziva ve kendi kendine yeterlilik yerine,
ticaret var

**internationaler Austausch in alle Richtungen; universelle
Interdependenz der Nationen**

her yönde uluslararası değişim; Ulusların evrensel karşılıklı
bağımlılığı

**Und so wie wir von Materialien abhängig sind, so sind wir
von der intellektuellen Produktion abhängig**

Ve tıpkı malzemelere bağımlılığımız olduğu gibi, entelektüel
üretime de bağımlıyız

Die geistigen Schöpfungen der einzelnen Nationen werden zum Gemeingut

Tek tek ulusların entelektüel yaratımları ortak mülk haline gelir

Nationale Einseitigkeit und Engstirnigkeit werden immer unmöglicher

Ulusal tek taraflılık ve dar görüşlülük giderek daha imkansız hale geliyor

Und aus den zahlreichen nationalen und lokalen Literaturen entsteht eine Weltliteratur

Ve sayısız ulusal ve yerel edebiyattan bir dünya edebiyatı ortaya çıkar

durch die rasche Verbesserung aller Produktionsmittel

tüm üretim araçlarının hızlı bir şekilde gelişmesiyle

durch die immens erleichterten Kommunikationsmittel

son derece kolaylaştırılmış iletişim araçlarıyla

Die Bourgeoisie zieht alle (auch die barbarischsten Nationen) in die Zivilisation hinein

Burjuvazi herkesi (en barbar ulusları bile) uygarlığa çeker

Die billigen Preise seiner Waren; die schwere Artillerie, die alle chinesischen Mauern niederreißt

Emtialarının ucuz fiyatları; tüm Çin duvarlarını döven ağır toplar

Der hartnäckige Fremdenhass der Barbaren wird zur Kapitulation gezwungen

Barbarların yabancılara karşı yoğun inatçı nefreti teslim olmaya zorlanır

Sie zwingt alle Nationen, unter Androhung des Aussterbens, die Bourgeoisie Produktionsweise anzunehmen

Yok olma tehlikesiyle karşı karşıya olan tüm ulusları Burjuva üretim tarzını benimsemeye zorlar

Sie zwingt sie, das, was sie Zivilisation nennt, in ihre Mitte einzuführen

onları, medeniyet dediği şeyi aralarına sokmaya zorlar

Die Bourgeoisie zwingt die Barbaren, selbst zur Bourgeoisie zu werden

Burjuvazi, barbarları bizzat Burjuvazi olmaya zorluyor

mit einem Wort, die Bourgeoisie schafft sich eine Welt nach ihrem Bilde

tek kelimeyle, Burjuvazi kendi imgesine göre bir dünya yaratır

Die Bourgeoisie hat das Land der Herrschaft der Städte unterworfen

Burjuvazi kırı kentlerin egemenliğine tabi kılmıştır

Sie hat riesige Städte geschaffen und die Stadtbevölkerung stark vergrößert

Muazzam şehirler yarattı ve kentsel nüfusu büyük ölçüde artırdı

Sie rettete einen beträchtlichen Teil der Bevölkerung vor der Idiotie des Landlebens

Nüfusun önemli bir bölümünü kırsal yaşamın aptallığından kurtardı

Aber sie hat die Menschen auf dem Lande von den Städten abhängig gemacht

ama kırsal kesimdekileri şehirlere bağımlı hale getirdi

Und ebenso hat sie die barbarischen Länder von den zivilisierten abhängig gemacht

Ve aynı şekilde, barbar ülkeleri medeni ülkelere bağımlı hale getirdi

Bauernnationen gegen Völker der Bourgeoisie, Osten gegen Westen

Burjuvazinin ulusları üzerinde köylü ulusları, Batı'da Doğu

Die Bourgeoisie beseitigt den zerstreuten Zustand der Bevölkerung mehr und mehr

Burjuvazi, nüfusun dağınık durumunu giderek daha fazla ortadan kaldırıyor

Sie hat die Produktion agglomeriert und das Eigentum in wenigen Händen konzentriert

Aglomere üretime sahiptir ve birkaç elde yoğunlaşmış mülkiyete sahiptir

Die notwendige Konsequenz daraus war eine politische Zentralisierung

Bunun zorunlu sonucu siyasi merkezileşmeydi

Es gab unabhängige Nationen und lose miteinander verbundene Provinzen

Bağımsız uluslar ve gevşek bir şekilde birbirine bağlı eyaletler vardı

Sie hatten getrennte Interessen, Gesetze, Regierungen und Steuersysteme

ayrı çıkarları, yasaları, hükümetleri ve vergilendirme sistemleri vardı

Aber sie sind zu einer Nation zusammengeschmolzen, mit einer Regierung

ama tek bir ulusta, tek bir hükümetle bir araya toplandılar

Sie haben jetzt ein nationales Klasseninteresse, eine Grenze und einen Zolltarif

Artık tek bir ulusal sınıf çıkarı, tek bir sınır ve tek bir gümrük tarifesi var

Und dieses nationale Klasseninteresse ist unter einem Gesetzbuch vereinigt

Ve bu ulusal sınıf çıkarı tek bir hukuk kuralı altında birleştirilmiştir

die Bourgeoisie hat während ihrer knapp hundertjährigen Herrschaft viel erreicht

Burjuvazi yüz yıllık iktidarı boyunca çok şey başardı

massivere und kolossalere Produktivkräfte als alle vorhergehenden Generationen zusammen

önceki nesillerin toplamından daha büyük ve devasa üretici güçler

Die Kräfte der Natur sind dem Willen des Menschen und seiner Maschinerie unterworfen

Doğanın güçleri, insanın iradesine ve onun makinelerine boyun eğdirilmiştir

Die Chemie wird auf alle Industrieformen und Landwirtschaftsformen angewendet

Kimya, her türlü endüstriye ve tarım türüne uygulanır

Dampfschiffahrt, Eisenbahnen, elektrische Telegraphen und die Druckerpresse

buharlı navigasyon, demiryolları, elektrikli telgraflar ve matbaa

Rodung ganzer Kontinente für den Anbau, Kanalisierung von Flüssen

ekim için tüm kıtaların temizlenmesi, nehirlerin kanalizasyonu

ganze Populationen wurden aus dem Boden gezaubert und an die Arbeit gebracht

Bütün nüfus topraktan çıkarıldı ve çalıştırıldı

Welches frühere Jahrhundert hatte auch nur eine Ahnung von dem, was entfesselt werden könnte?

Daha önceki hangi yüzyılda, neyin serbest bırakılabileceğine dair bir önsezi vardı?

Wer hat vorausgesagt, dass solche Produktivkräfte im Schoß der gesellschaftlichen Arbeit schlummern?

Bu tür üretici güçlerin toplumsal emeğin kucağında uyukladığını kim tahmin edebilirdi?

Wir sehen also, daß die Produktions- und Tauschmittel in der feudalen Gesellschaft erzeugt wurden

O zaman üretim ve değişim araçlarının feodal toplumda üretildiğini görüyoruz

die Produktionsmittel, auf deren Grundlage sich die Bourgeoisie aufbaute

Burjuvazinin kendisini temeli üzerine inşa ettiği üretim araçları

Auf einer bestimmten Stufe der Entwicklung dieser Produktions- und Tauschmittel

Bu üretim ve değişim araçlarının gelişmesinin belli bir aşamasında

die Bedingungen, unter denen die feudale Gesellschaft produzierte und tauschte

feodal toplumun üretim ve mübadele koşulları

Die feudale Organisation der Landwirtschaft und des verarbeitenden Gewerbes

Tarım ve imalat sanayiinin feodal örgütlenmesi

Die feudalen Eigentumsverhältnisse waren mit den materiellen Verhältnissen nicht mehr vereinbar

Feodal mülkiyet ilişkileri artık maddi koşullarla bağdaşmıyordu

Sie mussten gesprengt werden, also wurden sie auseinandergesprengt

Parçalanmaları gerekiyordu, bu yüzden parçalandılar

An ihre Stelle trat die freie Konkurrenz der Produktivkräfte

Onların yerine, üretici güçlerden serbest rekabet çıktı

Und sie wurden von einer ihr angepassten sozialen und politischen Verfassung begleitet

Ve onlara buna uyarlanmış sosyal ve politik bir anayasa eşlik etti

und sie wurde begleitet von der ökonomischen und politischen Herrschaft der Bourgeoisie Klasse

ve buna Burjuva sınıfının ekonomik ve politik hakimiyeti eşlik etti

Eine ähnliche Bewegung vollzieht sich vor unseren eigenen Augen

Benzer bir hareket gözlerimizin önünde devam ediyor

Die moderne Bourgeoisie Gesellschaft mit ihren Produktions-, Tausch- und Eigentumsverhältnissen

Üretim, mübadele ve mülkiyet ilişkileriyle modern burjuva toplumu

eine Gesellschaft, die so gigantische Produktions- und Tauschmittel heraufbeschworen hat

Böylesine devasa üretim ve değişim araçları yaratmış bir toplum

Es ist wie der Zauberer, der die Mächte der Unterwelt heraufbeschworen hat

Cehennem dünyasının güçlerini çağıran büyücü gibidir

Aber er ist nicht mehr in der Lage, zu kontrollieren, was er in die Welt gebracht hat

Ama artık dünyaya getirdiklerini kontrol edemiyor

Viele Jahrzehnte lang war die vergangene Geschichte durch einen roten Faden miteinander verbunden

On yıl boyunca geçmiş tarih ortak bir iplikle birbirine bağlıydı

Die Geschichte der Industrie und des Handels ist nichts anderes als die Geschichte der Revolten

Sanayi ve ticaret tarihi, isyanların tarihi olmaktan başka bir şey değildir

die Revolten der modernen Produktivkräfte gegen die modernen Produktionsbedingungen

Modern üretici güçlerin modern üretim koşullarına karşı isyanları

die Revolten der modernen Produktivkräfte gegen die Eigentumsverhältnisse

Modern üretici güçlerin mülkiyet ilişkilerine karşı isyanları

diese Eigentumsverhältnisse sind die Bedingungen für die Existenz der Bourgeoisie

bu mülkiyet ilişkileri burjuvazinin varoluş koşullarıdır

und die Existenz der Bourgeoisie bestimmt die Regeln der Eigentumsverhältnisse

ve Burjuvazinin varlığı mülkiyet ilişkilerinin kurallarını belirler

Es genügt, die periodische Wiederkehr von Handelskrisen zu erwähnen

Ticari krizlerin dönemsel olarak geri döndüğünden bahsetmek yeterlidir

jede Handelskrise ist für die Bourgeoisie Gesellschaft bedrohlicher als die letzte

her ticari kriz Burjuva toplumu için bir öncekinden daha fazla tehdit edicidir

In diesen Krisen wird ein großer Teil der bestehenden Produkte vernichtet

Bu krizlerde mevcut ürünlerin büyük bir kısmı yok oluyor

Diese Krisen zerstören aber auch die zuvor geschaffenen Produktivkräfte

Ancak bu krizler daha önce yaratılmış üretici güçleri de yok eder

In allen früheren Epochen wären diese Epidemien als Absurdität erschienen

Daha önceki tüm çağlarda bu salgınlar bir saçmalık gibi görünürdü

denn diese Epidemien sind die kommerziellen Krisen der Überproduktion

Çünkü bu salgınlar aşırı üretimin ticari krizleridir

Die Gesellschaft befindet sich plötzlich wieder in einem Zustand der momentanen Barbarei

Toplum birdenbire kendini anlık bir barbarlık durumuna geri dönmüş bulur

als ob ein allgemeiner Verwüstungskrieg jede Möglichkeit des Lebensunterhalts abgeschnitten hätte

Sanki evrensel bir yıkım savaşı her türlü geçim aracını kesmiş gibi

Industrie und Handel scheinen zerstört worden zu sein; Und warum?

sanayi ve ticaret yok edilmiş gibi görünüyor; Ve neden?

Weil es zu viel Zivilisation und Subsistenzmittel gibt

Çünkü çok fazla medeniyet ve geçim kaynağı var

Und weil es zu viel Industrie und zu viel Handel gibt

Ve çünkü çok fazla sanayi ve çok fazla ticaret var

Die Produktivkräfte, die der Gesellschaft zur Verfügung stehen, entwickeln nicht mehr das Bourgeoisie Eigentum

Toplumun emrindeki üretici güçler artık Burjuva mülkiyetini geliştirmiyor

im Gegenteil, sie sind zu mächtig geworden für diese Verhältnisse, durch die sie gefesselt sind

Aksine, zincirlendikleri bu koşullar için çok güçlü hale geldiler

sobald sie diese Fesseln überwunden haben, bringen sie Unordnung in die ganze Bourgeoisie Gesellschaft

Bu prangaları aşar aşmaz, tüm burjuva toplumuna kargaşa getirirler

und die Produktivkräfte gefährden die Existenz des Bourgeoisie Eigentums

ve üretici güçler Burjuva mülkiyetinin varlığını tehlikeye atar

Die Bedingungen der Bourgeoisie Gesellschaft sind zu eng, um den von ihnen geschaffenen Reichtum zu erfassen

Burjuva toplumunun koşulları, onların yarattığı zenginliği kapsayamayacak kadar dardır

Und wie überwindet die Bourgeoisie diese Krisen?

Ve burjuvazi bu krizleri nasıl aşıyor?

Einerseits überwindet sie diese Krisen durch die erzwungene Vernichtung einer Masse von Produktivkräften

Bir yandan, bu krizleri, üretici güçler kitlesinin zorla yok edilmesiyle aşar

Andererseits überwindet sie diese Krisen durch die Eroberung neuer Märkte

bir yandan da bu krizleri yeni pazarlar fethederek aşmaktadır

Und sie überwindet diese Krisen durch die gründlichere Ausbeutung der alten Produktivkräfte

Ve bu krizleri, eski üretici güçlerin daha kapsamlı bir şekilde sömürülmesiyle aşar

Das heißt, indem sie den Weg für umfangreichere und zerstörerischere Krisen ebnen

Yani daha kapsamlı ve daha yıkıcı krizlerin önünü açarak

Sie überwindet die Krise, indem sie die Mittel zur Krisenprävention einschränkt

Krizleri önleme araçlarını azaltarak krizin üstesinden gelir

Die Waffen, mit denen die Bourgeoisie den Feudalismus zu Fall brachte, sind jetzt gegen sich selbst gerichtet

Burjuvazinin feodalizmi yerle bir ettiği silahlar şimdi kendisine çevrilmiştir

Aber die Bourgeoisie hat nicht nur die Waffen geschmiedet, die sich selbst den Tod bringen

Ama burjuvazi sadece kendisine ölüm getiren silahları dövmekle kalmadı

Sie hat auch die Männer ins Leben gerufen, die diese Waffen führen sollen

Aynı zamanda bu silahları kullanacak adamları da var etti

Und diese Männer sind die moderne Arbeiterklasse; Sie sind die Proletarier

Ve bu adamlar modern işçi sınıfıdır; Onlar proleterlerdir

In dem Maße, wie die Bourgeoisie entwickelt ist, entwickelt sich auch das Proletariat

Burjuvazi ne oranda gelişirse, proletarya da o oranda gelişmiştir

Die moderne Arbeiterklasse entwickelte eine Klasse von Arbeitern

Modern işçi sınıfı bir emekçiler sınıfı geliştirdi

Diese Klasse von Arbeitern lebt nur so lange, wie sie Arbeit findet

Bu emekçi sınıfı ancak iş buldukları sürece yaşarlar

Und sie finden nur so lange Arbeit, wie ihre Arbeit das Kapital vermehrt

Ve ancak emekleri sermayeyi artırdığı sürece iş bulurlar

Diese Arbeiter, die sich stückweise verkaufen müssen, sind eine Ware

Kendilerini parça parça satmak zorunda olan bu emekçiler bir metadır

Diese Arbeiter sind wie jeder andere Handelsartikel

Bu emekçiler diğer tüm ticaret malları gibidir

und sie sind folglich allen Wechselfällen des Wettbewerbs ausgesetzt

ve sonuç olarak rekabetin tüm iniş çıkışlarına maruz kalırlar

Sie müssen alle Schwankungen des Marktes überstehen

Piyasanın tüm dalgalanmalarını atlatmak zorundalar

Aufgrund des umfangreichen Maschineneinsatzes und der Arbeitsteilung

Makinelerin yaygın kullanımı ve iş bölümü nedeniyle

Die Arbeit der Proletarier hat jeden individuellen Charakter verloren

Proleterlerin çalışması tüm bireysel karakterini yitirmiştir

Und folglich hat die Arbeit der Proletarier für den Arbeiter jeden Reiz verloren

Ve sonuç olarak, proleterlerin çalışması, işçi için tüm çekiciliğini yitirmiştir

Er wird zu einem Anhängsel der Maschine und nicht mehr zu dem Mann, der er einmal war

Bir zamanlar olduğu adamdan ziyade makinenin bir uzantısı haline gelir

Nur das einfachste, eintönigste und am leichtesten zu erwerbende Geschick wird von ihm verlangt

Ondan sadece en basit, monoton ve en kolay elde edilen hüner istenir

Daher sind die Produktionskosten eines Arbeiters begrenzt

Bu nedenle, bir işçinin üretim maliyeti sınırlıdır

sie beschränkt sich fast ausschließlich auf die Mittel zur Bestreitung des Lebensunterhalts, die er zu seinem Unterhalt benötigt

neredeyse tamamen bakımı için ihtiyaç duyduğu geçim araçlarıyla sınırlıdır

und sie beschränkt sich auf die Subsistenzmittel, die er zur Fortpflanzung seiner Rasse benötigt

ve ırkının yayılması için ihtiyaç duyduğu geçim araçlarıyla sınırlıdır

Aber der Preis einer Ware, also auch der Arbeit, ist gleich ihren Produktionskosten

Ama bir metanın ve dolayısıyla emeğin fiyatı, onun üretim maliyetine eşittir

In dem Maße also, wie die Widerwärtigkeit der Arbeit zunimmt, sinkt der Lohn

Bu nedenle, orantılı olarak, işin iticiliği arttıkça, ücret düşer

Ja, die Widerwärtigkeit seiner Arbeit nimmt sogar noch mehr zu

Hayır, işinin iticiliği daha da büyük bir oranda artar

In dem Maße, wie der Einsatz von Maschinen und die Arbeitsteilung zunehmen, steigt auch die Last der Arbeit

Makine kullanımı ve işbölümü arttıkça iş yükü de artar

Die Arbeitsbelastung wird durch die Verlängerung der Arbeitszeit erhöht

Çalışma saatlerinin uzamasıyla iş yükü artar
Dem Arbeiter wird in der gleichen Zeit mehr zugemutet als zuvor
İşçiden daha önce olduğu gibi aynı zamanda daha fazlası beklenir
Und natürlich wird die Last der Arbeit durch die Geschwindigkeit der Maschinerie erhöht
Ve tabii ki, zahmetin yükü makinelerin hızıyla artar
Die moderne Industrie hat die kleine Werkstatt des patriarchalischen Meisters in die große Fabrik des industriellen Kapitalisten verwandelt
Modern sanayi, ataerkil efendinin küçük atölyesini, sanayici kapitalistin büyük fabrikasına dönüştürmüştür
Massen von Arbeitern, die in die Fabrik gedrängt sind, sind wie Soldaten organisiert
Fabrikaya doluşmuş işçi kitleleri, askerler gibi örgütlenmiştir
Als Gefreite der Industriearmee stehen sie unter dem Kommando einer vollkommenen Hierarchie von Offizieren und Unteroffizieren
Sanayi ordusunun erleri olarak, mükemmel bir subay ve çavuş hiyerarşisinin komutası altına alınırlar
sie sind nicht nur die Sklaven der Bourgeoisie und des Staates
onlar sadece Burjuva sınıfının ve Devletin köleleri değildirler
Aber sie werden auch täglich und stündlich von der Maschine versklavt
ama aynı zamanda makine tarafından günlük ve saatlik olarak köleleştirilirler
sie sind Sklaven des Aufsehers und vor allem des einzelnen Bourgeoisie Fabrikanten selbst
Dışarıdan bakan tarafından ve her şeyden önce bireysel Burjuva imalatçısının kendisi tarafından köleleştirilirler
Je offener dieser Despotismus den Gewinn als seinen Zweck und sein Ziel proklamiert, desto kleinlicher, verhaßter und verbitterender ist er

Bu despotizm, kazancı kendi amacı ve hedefi olarak ne kadar
açık bir şekilde ilan ederse, o kadar önemsiz, o kadar nefret
dolu ve o kadar küstahtır

**Je mehr sich die moderne Industrie entwickelt, desto
geringer sind die Unterschiede zwischen den Geschlechtern**

Modern endüstri ne kadar gelişirse, cinsiyetler arasındaki
farklar o kadar az olur

**Je geringer die Geschicklichkeit und Kraftanstrengung der
Handarbeit ist, desto mehr wird die Arbeit der Männer von
der der Frauen verdrängt**

El emeğinde ima edilen beceri ve güç çabası ne kadar azsa,
erkeklerin emeğinin yerini kadınlarınki alır.

**Alters- und Geschlechtsunterschiede haben für die
Arbeiterklasse keine besondere gesellschaftliche Gültigkeit
mehr**

Yaş ve cinsiyet farklılıklarının artık işçi sınıfı için ayırt edici bir
toplumsal geçerliliği yoktur

**Alle sind Arbeitsinstrumente, die je nach Alter und
Geschlecht mehr oder weniger teuer zu gebrauchen sind**

Hepsi emek araçlarıdır, yaşlarına ve cinsiyetlerine göre
kullanımları az ya da çok pahalıdır

**sobald der Arbeiter seinen Lohn in bar erhält, wird er von
den übrigen Teilen der Bourgeoisie angegriffen**

İşçi ücretini nakit olarak alır almaz, burjuvazinin diğer
kesimleri tarafından kendisine yüklenir

der Vermieter, der Ladenbesitzer, der Pfandleiher usw

ev sahibi, dükkan sahibi, tefeci vb

**Die unteren Schichten der Mittelschicht; die kleinen
Handwerker und Ladenbesitzer**

Orta sınıfın alt tabakaları; küçük esnaf ve esnaf

**die pensionierten Gewerbetreibenden überhaupt, die
Handwerker und Bauern**

genel olarak emekli esnaf, zanaatkarlar ve köylüler

all dies sinkt allmählich in das Proletariat ein

bütün bunlar yavaş yavaş Proletaryaya batar

theils deshalb, weil ihr winziges Kapital nicht ausreicht für den Maßstab, in dem die moderne Industrie betrieben wird

kısmen, küçücük sermayelerinin, Modern Sanayi'nin sürdürüldüğü ölçek için yeterli olmaması nedeniyle

und weil sie in der Konkurrenz mit den Großkapitalisten überschwemmt wird

ve büyük kapitalistlerle rekabette bataklığa saplandığı için

zum Teil deshalb, weil ihr spezialisiertes Können durch die neuen Produktionsmethoden wertlos wird

Kısmen, uzmanlaşma becerilerinin yeni üretim yöntemleriyle değersiz hale getirilmesi nedeniyle

So rekrutiert sich das Proletariat aus allen Klassen der Bevölkerung

Böylece proletarya, nüfusun tüm sınıflarından devşirilir

Das Proletariat durchläuft verschiedene Entwicklungsstufen

Proletarya çeşitli gelişme aşamalarından geçer

Mit ihrer Geburt beginnt der Kampf mit der Bourgeoisie

Doğuşuyla birlikte Burjuvazi ile mücadelesi başlar

Zuerst wird der Kampf von einzelnen Arbeitern geführt

Yarışma ilk başta bireysel emekçiler tarafından yürütülür

Dann wird der Kampf von den Arbeitern einer Fabrik ausgetragen

Sonra yarışma bir fabrikanın işçileri tarafından yürütülür

Dann wird der Kampf von den Arbeitern eines Gewerbes an einem Ort ausgetragen

Sonra yarışma, bir işkolunun işçileri tarafından, tek bir yörede sürdürülür

und der Kampf richtet sich dann gegen die einzelne Bourgeoisie, die sie direkt ausbeutet

ve o zaman yarışma, onları doğrudan sömüren bireysel burjuvaziye karşıdır

Sie richten ihre Angriffe nicht gegen die Bourgeoisie Produktionsbedingungen

Saldırılarını burjuvazinin üretim koşullarına yöneltmiyorlar

aber sie richten ihren Angriff gegen die Produktionsmittel selbst

ama saldırılarını üretim araçlarının kendilerine yöneltirler

Sie vernichten importierte Waren, die mit ihrer Arbeitskraft konkurrieren

Emekleriyle rekabet eden ithal malları yok ediyorlar

Sie zertrümmern Maschinen und setzen Fabriken in Brand

Makineleri paramparça ettiler ve fabrikaları ateşe verdiler

sie versuchen, den verschwundenen Status des Arbeiters des Mittelalters mit Gewalt wiederherzustellen

Orta Çağ işçisinin yok olmuş statüsünü zorla geri getirmeye çalışıyorlar

In diesem Stadium bilden die Arbeiter noch eine unzusammenhängende Masse, die über das ganze Land verstreut ist

Bu aşamada, emekçiler hâlâ tüm ülkeye dağılmış tutarsız bir kitle oluşturuyorlar

und sie werden durch ihre gegenseitige Konkurrenz zerrissen

ve karşılıklı rekabetleri tarafından parçalanırlar

Wenn sie sich irgendwo zu kompakteren Körpern vereinigen, so ist dies noch nicht die Folge ihrer eigenen aktiven Vereinigung

Herhangi bir yerde daha kompakt bedenler oluşturmak için birleşirlerse, bu henüz kendi aktif birliklerinin sonucu değildir

aber es ist eine Folge der Vereinigung der Bourgeoisie, ihre eigenen politischen Ziele zu erreichen

ama bu, burjuvazinin kendi siyasi amaçlarına ulaşmak için birliğinin bir sonucudur

die Bourgeoisie ist gezwungen, das ganze Proletariat in Bewegung zu setzen

Burjuvazi tüm proletaryayı harekete geçirmek zorundadır

und überdies ist die Bourgeoisie eine Zeitlang dazu in der Lage

ve dahası, bir süre için, Burjuvazi bunu yapabilir

In diesem Stadium kämpfen die Proletarier also nicht gegen ihre Feinde

Bu nedenle, bu aşamada, proleterler düşmanlarıyla savaşmazlar

Stattdessen kämpfen sie gegen die Feinde ihrer Feinde

ama bunun yerine düşmanlarının düşmanlarıyla savaşıyorlar

Der Kampf gegen die Überreste der absoluten Monarchie und die Großgrundbesitzer

Mutlak monarşinin kalıntıları ve toprak sahipleriyle mücadele

sie bekämpfen die nicht-industrielle Bourgeoisie; das Kleiliche Bourgeoisie

sanayileşmemiş burjuvazi ile savaşırlar; küçük burjuvazi

So ist die ganze historische Bewegung in den Händen der Bourgeoisie konzentriert

Böylece tüm tarihsel hareket burjuvazinin elinde toplanmıştır

jeder so errungene Sieg ist ein Sieg der Bourgeoisie

bu şekilde elde edilen her zafer burjuvazinin zaferidir

Aber mit der Entwicklung der Industrie wächst nicht nur die Zahl des Proletariats

Ama sanayinin gelişmesiyle birlikte proletarya sadece sayıca artmakla kalmaz

das Proletariat konzentriert sich in größeren Massen und seine Kraft wächst

Proletarya daha büyük kitleler halinde yoğunlaşır ve gücü artar

und das Proletariat spürt diese Kraft mehr und mehr

ve Proletarya bu gücü giderek daha fazla hissediyor

Die verschiedenen Interessen und Lebensbedingungen in den Reihen des Proletariats gleichen sich mehr und mehr an

Proletarya saflarındaki çeşitli çıkarlar ve yaşam koşulları giderek daha fazla eşitleniyor

sie werden in dem Maße größer, wie die Maschinerie alle Unterschiede der Arbeit verwischt

Makinelerin emeğin tüm ayrımlarını ortadan kaldırmasıyla orantılı olarak daha da artarlar

Und die Maschinen senken fast überall die Löhne auf das gleiche niedrige Niveau

Ve makineler hemen hemen her yerde ücretleri aynı düşük seviyeye indiriyor

Die wachsende Konkurrenz der Bourgeoisie und die daraus resultierenden Handelskrisen lassen die Löhne der Arbeiter immer schwankender

Burjuvazi arasında artan rekabet ve bunun sonucunda ortaya çıkan ticari krizler, işçilerin ücretlerini her zamankinden daha dalgalı hale getiriyor

Die unaufhörliche Verbesserung der sich immer schneller entwickelnden Maschinen macht ihren Lebensunterhalt immer prekärer

Her zamankinden daha hızlı gelişen makinelerin durmaksızın gelişmesi, geçim kaynaklarını giderek daha güvencesiz hale getiriyor

die Kollisionen zwischen einzelnen Arbeitern und einzelnen Bourgeoisien nehmen immer mehr den Charakter von Zusammenstößen zwischen zwei Klassen an

tek tek işçiler ile tek tek burjuvazi arasındaki çarpışmalar, giderek iki sınıf arasındaki çarpışma niteliğini alıyor

Darauf beginnen die Arbeiter, sich gegen die Bourgeoisie zu verbünden (Gewerkschaften)

Bunun üzerine işçiler burjuvaziye karşı birleşimler (sendikalar) oluşturmaya başlarlar

Sie schließen sich zusammen, um die Löhne hoch zu halten

Ücret oranını korumak için bir araya geliyorlar

sie gründeten ständige Vereinigungen, um für diese gelegentlichen Revolten im voraus Vorsorge zu treffen

Ara sıra ortaya çıkan bu isyanlar için önceden hazırlık yapmak üzere kalıcı birlikler kurdular

Hier und da bricht der Wettkampf in Ausschreitungen aus

Yarışma burada ve orada isyanlara dönüşüyor

Hin und wieder siegen die Arbeiter, aber nur für eine gewisse Zeit

Ara sıra işçiler zafer kazanıyor, ama sadece bir süre için

Die wirkliche Frucht ihrer Kämpfe liegt nicht in den unmittelbaren Ergebnissen, sondern in der immer größer werdenden Vereinigung der Arbeiter

Mücadelelerinin gerçek meyvesi, doğrudan sonuçta değil, işçilerin durmadan genişleyen birliğinde yatmaktadır

Diese Vereinigung wird durch die verbesserten Kommunikationsmittel unterstützt, die von der modernen Industrie geschaffen werden

Bu birliğe, modern sanayi tarafından yaratılan gelişmiş iletişim araçları yardımcı olmaktadır

Die moderne Kommunikation bringt die Arbeiter verschiedener Orte miteinander in Kontakt

Modern iletişim, farklı bölgelerdeki işçileri birbirleriyle temasa geçirir

Es war gerade dieser Kontakt, der nötig war, um die zahlreichen lokalen Kämpfe zu einem nationalen Kampf zwischen den Klassen zu zentralisieren

Çok sayıda yerel mücadeleyi sınıflar arasındaki tek bir ulusal mücadelede merkezileştirmek için gerekli olan tam da bu temastı

Alle diese Kämpfe haben den gleichen Charakter, und jeder Klassenkampf ist ein politischer Kampf

Bu mücadelelerin hepsi aynı karakterdedir ve her sınıf mücadelesi politik bir mücadeledir

die Bürger des Mittelalters mit ihren elenden Landstraßen brauchten Jahrhunderte, um ihre Vereinigungen zu bilden

Orta Çağ'ın kasabalıları, sefil otoyollarıyla, birliklerini oluşturmak için yüzyıllara ihtiyaç duydu

Die modernen Proletarier erreichen dank der Eisenbahn ihre Gewerkschaften innerhalb weniger Jahre

Modern proleterler, demiryolları sayesinde birkaç yıl içinde sendikalarına kavuşurlar

Diese Organisation der Proletarier zu einer Klasse formte sie folglich zu einer politischen Partei

Proleterlerin bir sınıf halinde örgütlenmesi, sonuç olarak onları bir siyasi parti haline getirdi

Die politische Klasse wird immer wieder durch die Konkurrenz zwischen den Arbeitern selbst verärgert

Siyasi sınıf, işçilerin kendi aralarındaki rekabetten sürekli olarak yeniden rahatsız oluyor

Aber die politische Klasse erhebt sich weiter, stärker, fester, mächtiger

Ancak siyasi sınıf daha güçlü, daha sert, daha güçlü bir şekilde yeniden yükselmeye devam ediyor

Er zwingt zur gesetzgeberischen Anerkennung der besonderen Interessen der Arbeitnehmer

İşçilerin özel çıkarlarının yasal olarak tanınmasını zorunlu kılar

sie tut dies, indem sie sich die Spaltungen innerhalb der Bourgeoisie selbst zunutze macht

Bunu, burjuvazinin kendi içindeki bölünmelerden yararlanarak yapar

Damit wurde das Zehnstundengesetz in England in Kraft gesetzt

Böylece İngiltere'deki on saatlik yasa tasarısı yasalaştı

in vielerlei Hinsicht ist der Zusammenstoß zwischen den Klassen der alten Gesellschaft ferner der Entwicklungsgang des Proletariats

birçok bakımdan eski toplumun sınıfları arasındaki çatışmalar, proletaryanın gelişme sürecidir

Die Bourgeoisie befindet sich in einem ständigen Kampf

Burjuvazi kendisini sürekli bir savaşın içinde bulur

Zuerst wird sie sich in einem ständigen Kampf mit der Aristokratie wiederfinden

İlk başta kendisini aristokrasi ile sürekli bir savaşın içinde bulacaktır

später wird sie sich in einem ständigen Kampf mit diesen Teilen der Bourgeoisie selbst wiederfinden

daha sonra kendisini Burjuvazinin bu kesimleriyle sürekli bir savaşın içinde bulacaktır

und ihre Interessen werden dem Fortschritt der Industrie entgegengesetzt sein

ve çıkarları sanayinin ilerlemesine karşıt hale gelecektir

zu allen Zeiten werden ihre Interessen mit der Bourgeoisie fremder Länder in Konflikt geraten sein

çıkarları her zaman yabancı ülkelerin burjuvazisi ile uzlaşmaz hale gelecektir

In allen diesen Kämpfen sieht sie sich genötigt, an das Proletariat zu appellieren, und bittet es um Hilfe

Bütün bu savaşlarda kendisini proletaryaya başvurmak zorunda görür ve ondan yardım ister

Und so wird sie sich gezwungen sehen, sie in die politische Arena zu zerren

Ve böylece onu siyasi arenaya sürüklemek zorunda hissedecektir

Die Bourgeoisie selbst versorgt also das Proletariat mit ihren eigenen Instrumenten der politischen und allgemeinen Erziehung

Bu nedenle, burjuvazinin kendisi, proletaryaya kendi siyasal ve genel eğitim araçlarını sağlar

mit anderen Worten, sie liefert dem Proletariat Waffen für den Kampf gegen die Bourgeoisie

başka bir deyişle, proletaryaya, burjuvaziye karşı savaşmak için silahlar sağlar

Ferner werden, wie wir schon gesehen haben, ganze Schichten der herrschenden Klassen in das Proletariat hineingestürzt

Dahası, daha önce gördüğümüz gibi, egemen sınıfların tüm kesimleri proletaryaya doğru itilir

der Fortschritt der Industrie saugt sie in das Proletariat hinein

sanayinin ilerlemesi onları proletaryanın içine çeker

oder zumindest sind sie in ihren Existenzbedingungen bedroht

Ya da en azından, varoluş koşullarında tehdit altındadırlar

Diese versorgen auch das Proletariat mit frischen Elementen der Aufklärung und des Fortschritts

Bunlar aynı zamanda proletaryaya aydınlanmanın ve ilerlemenin taze unsurlarını da sağlar

Endlich, in Zeiten, in denen sich der Klassenkampf der entscheidenden Stunde nähert

Son olarak, sınıf mücadelesinin belirleyici saate yaklaştığı zamanlarda

Der Auflösungsprozess innerhalb der herrschenden Klasse

Egemen sınıf içinde devam eden çözülme süreci

In der Tat wird die Auflösung, die sich innerhalb der herrschenden Klasse vollzieht, in der gesamten Bandbreite der Gesellschaft zu spüren sein

Gerçekte, egemen sınıf içinde sürmekte olan çözülme, toplumun tüm kesiminde hissedilecektir

Sie wird einen so gewalttätigen, krassen Charakter annehmen, dass ein kleiner Teil der herrschenden Klasse sich selbst abtreibt

Öylesine şiddetli, göz kamaştırıcı bir karaktere bürünecek ki, egemen sınıfın küçük bir kesimi kendini başıboş bırakacaktır

Und diese herrschende Klasse wird sich der revolutionären Klasse anschließen

Ve bu egemen sınıf devrimci sınıfa katılacaktır

Die revolutionäre Klasse ist die Klasse, die die Zukunft in ihren Händen hält

Devrimci sınıf, geleceği elinde tutan sınıftır

Wie in früheren Zeiten ging ein Teil des Adels zur Bourgeoisie über

Tıpkı daha önceki bir dönemde olduğu gibi, soyluların bir bölümü Burjuvazinin safına geçti

ebenso wird ein Teil der Bourgeoisie zum Proletariat übergehen

aynı şekilde burjuvazinin bir kısmı proletaryaya geçecektir

insbesondere wird ein Teil der Bourgeoisie zu einem Teil der Bourgeoisie Ideologen übergehen

özellikle, Burjuvazinin bir kısmı, Burjuva ideologlarının bir kısmına geçecektir

Bourgeoisie Ideologen, die sich auf die Ebene erhoben haben, die historische Bewegung als Ganzes theoretisch zu begreifen

Tarihsel hareketi bir bütün olarak teorik olarak kavrama düzeyine yükselmiş burjuva ideologlar

Von allen Klassen, die heute der Bourgeoisie gegenüberstehen, ist das Proletariat allein eine wirklich revolutionäre Klasse

Bugün burjuvazi ile karşı karşıya gelen tüm sınıflar arasında, gerçekten devrimci bir sınıf olan yalnızca proletaryadır

Die anderen Klassen zerfallen und verschwinden schließlich im Angesicht der modernen Industrie

Öteki sınıflar çürür ve sonunda modern sanayi karşısında yok olurlar

das Proletariat ist ihr besonderes und wesentliches Produkt

Proletarya onun özel ve temel ürünüdür

Die untere Mittelschicht, der kleine Fabrikant, der Ladenbesitzer, der Handwerker, der Bauer

Alt orta sınıf, küçük fabrikatör, dükkân sahibi, zanaatkâr, köylü

all diese Kämpfe gegen die Bourgeoisie

bütün bunlar burjuvaziye karşı savaşıyor

Sie kämpfen als Fraktionen der Mittelschicht, um sich vor dem Aussterben zu retten

Kendilerini yok olmaktan kurtarmak için orta sınıfın fraksiyonları olarak savaşıyorlar

Sie sind also nicht revolutionär, sondern konservativ

Bu nedenle devrimci değil, muhafazakardırlar

Ja, mehr noch, sie sind reaktionär, denn sie versuchen, das Rad der Geschichte zurückzudrehen

Dahası, gericidirler, çünkü tarihin tekerleğini geri döndürmeye çalışırlar

Wenn sie zufällig revolutionär sind, so sind sie es nur im Hinblick auf ihre bevorstehende Überführung in das Proletariat

Eğer şans eseri devrimcilerse, yalnızca Proletaryaya
yaklaşmakta olan transferleri göz önüne alındığında
devrimcidirler
Sie verteidigen also nicht ihre gegenwärtigen, sondern ihre
zukünftigen Interessen
Böylece şimdiki çıkarlarını değil, gelecekteki çıkarlarını
savunurlar
sie verlassen ihren eigenen Standpunkt, um sich auf den des
Proletariats zu stellen
kendilerini proletaryanın yerine koymak için kendi bakış
açılarını terk ederler
Die »gefährliche Klasse«, der soziale Abschaum, diese
passiv verrottende Masse, die von den untersten Schichten
der alten Gesellschaft abgeworfen wird
"Tehlikeli sınıf", toplumsal, eski toplumun en alt katmanları
tarafından atılan pasif bir şekilde çürüyen kitle
sie können hier und da von einer proletarischen Revolution
in die Bewegung hineingerissen werden
Orada burada, bir proleter devrimle hareketin içine
sürüklenebilirler
Seine Lebensbedingungen bereiten ihn jedoch viel mehr auf
die Rolle eines bestochenen Werkzeugs reaktionärer
Intrigen vor
Ne var ki, yaşam koşulları, onu, gerici entrikaların rüşvet
verici bir aracı rolüne çok daha fazla hazırlamaktadır
In den Verhältnissen des Proletariats sind die Verhältnisse
der alten Gesellschaft im Allgemeinen bereits praktisch
überschwemmt
Proletaryanın koşullarında, genel olarak eski toplumun
koşulları zaten fiilen bataklığa saplanmıştır
Der Proletarier ist ohne Eigentum
Proleter mülksüzdür
sein Verhältnis zu Frau und Kindern hat mit den
Familienverhältnissen der Bourgeoisie nichts mehr gemein
karısı ve çocuklarıyla olan ilişkisinin artık burjuvazinin aile
ilişkileriyle hiçbir ortak yanı yoktur

moderne industrielle Arbeit, moderne Unterwerfung unter das Kapital, dasselbe in England wie in Frankreich, in Amerika wie in Deutschland

modern sanayi emeği, sermayeye modern tabiiyet, Fransa'da olduğu gibi İngiltere'de, Almanya'da olduğu gibi Amerika'da da aynı

Seine Stellung in der Gesellschaft hat ihm jede Spur von nationalem Charakter genommen

Toplumdaki durumu onu ulusal karakterin her izinden sıyırmıştır

Gesetz, Moral, Religion sind für ihn so viele Bourgeoisie Vorurteile

Hukuk, ahlak, din, onun için pek çok burjuva önyargısıdır

und hinter diesen Vorurteilen lauern ebenso viele Bourgeoisie Interessen

ve bu önyargıların ardında, tıpkı birçok Burjuva çıkarı kadar pusuda gizleniyor

Alle vorhergehenden Klassen, die die Oberhand gewannen, versuchten, ihren bereits erworbenen Status zu festigen

Üstünlüğü ele geçiren önceki tüm sınıflar, zaten kazanılmış statülerini güçlendirmeye çalıştılar

Sie taten dies, indem sie die Gesellschaft als Ganzes ihren Aneignungsbedingungen unterwarfen

Bunu, toplumun genelini kendi temellük koşullarına tabi kılarak yaptılar

Die Proletarier können nicht Herren der Produktivkräfte der Gesellschaft werden

Proleterler toplumun üretici güçlerinin efendisi olamazlar

Sie kann dies nur tun, indem sie ihre eigene bisherige Aneignungsweise abschafft

Bunu ancak kendi önceki sahiplenme tarzını ortadan kaldırarak yapabilir

Und damit hebt sie auch jede andere bisherige Aneignungsweise auf

ve böylece daha önceki tüm temellük etme biçimlerini de ortadan kaldırır

Sie haben nichts Eigenes zu sichern und zu festigen
Güvence altına almak ve güçlendirmek için kendilerine ait
hiçbir şeyleri yok
Ihre Aufgabe ist es, alle bisherigen Sicherheiten und
Versicherungen für individuelles Eigentum zu vernichten
Görevleri, bireysel mülkler için önceki tüm menkul kıymetleri
ve sigortaları yok etmektir
Alle bisherigen historischen Bewegungen waren
Bewegungen von Minderheiten
Daha önceki tüm tarihsel hareketler azınlık hareketleriydi
oder es handelte sich um Bewegungen im Interesse von
Minderheiten
ya da azınlıkların çıkarlarına yönelik hareketlerdi
Die proletarische Bewegung ist die selbstbewusste,
selbständige Bewegung der ungeheuren Mehrheit
Proleter hareket, büyük çoğunluğun özbilinçli, bağımsız
hareketidir
Und es ist eine Bewegung im Interesse der großen Mehrheit
Ve bu, büyük çoğunluğun çıkarına olan bir harekettir
Das Proletariat, die unterste Schicht unserer heutigen
Gesellschaft
Proletarya, mevcut toplumumuzun en alt tabakası
Sie kann sich nicht regen oder erheben, ohne daß die ganze
übergeordnete Schicht der offiziellen Gesellschaft in die
Luft geschleudert wird
Resmi toplumun tüm üst düzey katmanları havaya
uçurulmadan kıpırdayamaz veya kendini yükseltemez
Der Kampf des Proletariats mit der Bourgeoisie ist, wenn
auch nicht der Substanz nach, doch zunächst ein nationaler
Kampf
Proletaryanın burjuvazi ile mücadelesi, özünde olmasa da,
biçim olarak her şeyden önce ulusal bir mücadeledir
Das Proletariat eines jeden Landes muss natürlich vor allem
mit seiner eigenen Bourgeoisie abrechnen
Kuşkusuz, her ülkenin proletaryası, her şeyden önce, kendi
burjuvazisi ile sorunu çözmelidir

Indem wir die allgemeinsten Phasen der Entwicklung des Proletariats schilderten, verfolgten wir den mehr oder weniger verhüllten Bürgerkrieg

Proletaryanın gelişiminin en genel aşamalarını betimlerken, az çok örtülü iç savaşın izini sürdük

Diese Zivilgesellschaft wütet in der bestehenden Gesellschaft

Bu sivil, mevcut toplum içinde öfkeleniyor

Er wird bis zu dem Punkt wüten, an dem dieser Krieg in eine offene Revolution ausbricht

Bu savaşın açık devrime dönüştüğü noktaya kadar öfkelenecek

und dann legt der gewaltsame Sturz der Bourgeoisie die Grundlage für die Herrschaft des Proletariats

ve sonra Burjuvazinin şiddet yoluyla devrilmesi, Proletaryanın egemenliğinin temelini atar

Bisher beruhte jede Gesellschaftsform, wie wir bereits gesehen haben, auf dem Antagonismus unterdrückender und unterdrückter Klassen

Şimdiye kadar, her toplum biçimi, daha önce gördüğümüz gibi, ezen ve ezilen sınıfların uzlaşmaz karşıtlığına dayanıyordu.

Um aber eine Klasse zu unterdrücken, müssen ihr gewisse Bedingungen zugesichert werden

Ama bir sınıfı ezmek için, ona belirli koşulların sağlanması gerekir

Die Klasse muss unter Bedingungen gehalten werden, unter denen sie wenigstens ihre sklavische Existenz fortsetzen kann

Sınıf, en azından kölece varlığını sürdürebileceği koşullar altında tutulmalıdır

Der Leibeigene erhob sich in der Zeit der Leibeigenschaft zum Mitglied der Kommune

Serf, serflik döneminde, kendisini komün üyeliğine yükseltti

so wie es dem Kleinbourgeoisie unter dem Joch des feudalen Absolutismus gelang, sich zur Bourgeoisie zu entwickeln

tıpkı feodal mutlakiyetçiliğin boyunduruğu altındaki küçük burjuvazinin bir burjuvaziye dönüşmeyi başarması gibi

Der moderne Arbeiter dagegen sinkt, anstatt sich mit dem Fortschritt der Industrie zu erheben, immer tiefer

Modern emekçi, tam tersine, sanayinin ilerlemesiyle birlikte yükselmek yerine, daha da derine batar

Er sinkt unter die Existenzbedingungen seiner eigenen Klasse

kendi sınıfının varoluş koşullarının altına düşer

Er wird ein Bettler, und der Pauperismus entwickelt sich schneller als Bevölkerung und Reichtum

Yoksul olur ve yoksulluk nüfus ve zenginlikten daha hızlı gelişir

Und hier zeigt sich, dass die Bourgeoisie nicht mehr geeignet ist, die herrschende Klasse in der Gesellschaft zu sein

Ve burada, burjuvazinin artık toplumda egemen sınıf olmaya uygun olmadığı ortaya çıkıyor

und sie ist ungeeignet, der Gesellschaft ihre Existenzbedingungen als übergeordnetes Gesetz aufzuzwingen

ve kendi varoluş koşullarını topluma ağır basan bir yasa olarak dayatmaya uygun değildir

Sie ist unfähig zu herrschen, weil sie unfähig ist, ihrem Sklaven in seiner Sklaverei eine Existenz zu sichern

Yönetmeye uygun değildir, çünkü kölesine köleliği içinde bir varoluş sağlamakta yetersiz

denn sie kann nicht anders, als ihn in einen solchen Zustand sinken zu lassen, daß sie ihn ernähren muss, statt von ihm gefüttert zu werden

çünkü onun tarafından beslenmek yerine onu beslemek zorunda olduğu bir duruma batmasına izin veremez

Die Gesellschaft kann nicht länger unter dieser Bourgeoisie leben

Toplum artık bu burjuvazi altında yaşayamaz

Mit anderen Worten, ihre Existenz ist nicht mehr mit der Gesellschaft vereinbar

Başka bir deyişle, varlığı artık toplumla uyumlu değildir

Die wesentliche Bedingung für die Existenz und die Herrschaft der Bourgeoisie Klasse ist die Bildung und Vermehrung des Kapitals

Burjuva sınıfının varlığının ve egemenliğinin temel koşulu, sermayenin oluşumu ve genişlemesidir

Die Bedingung für das Kapital ist Lohnarbeit

Sermayenin koşulu ücretli emektir

Die Lohnarbeit beruht ausschließlich auf der Konkurrenz zwischen den Arbeitern

Ücretli emek, yalnızca emekçiler arasındaki rekabete dayanır

Der Fortschritt der Industrie, deren unfreiwilliger Förderer die Bourgeoisie ist, tritt an die Stelle der Isolierung der Arbeiter

İstemsiz teşvikçisi Burjuvazi olan sanayinin ilerlemesi, emekçilerin yalıtılmışlığının yerini alır

durch die Konkurrenz, durch ihre revolutionäre Kombination, durch die Assoziation

rekabet nedeniyle, devrimci kombinasyonları nedeniyle, dernek nedeniyle

Die Entwicklung der modernen Industrie schneidet ihr die Grundlage unter den Füßen weg, auf der die Bourgeoisie Produkte produziert und sich aneignet

Modern sanayinin gelişmesi, burjuvazinin ürünleri üzerinde ürettiği ve temellük ettiği temeli ayaklarının altından keser

Was die Bourgeoisie vor allem produziert, sind ihre eigenen Totengräber

Burjuvazinin ürettiği şey, her şeyden önce, kendi mezar kazıcılarıdır

Der Sturz der Bourgeoisie und der Sieg des Proletariats sind gleichermaßen unvermeidlich

Burjuvazinin çöküşü ve proletaryanın zaferi aynı derecede kaçınılmazdır

Proletarier und Kommunisten
Proleterler ve Komünistler

In welchem Verhältnis stehen die Kommunisten zu den Proletariern insgesamt?

Komünistler bir bütün olarak proleterlerle nasıl bir ilişki içindedirler?

Die Kommunisten bilden keine eigene Partei, die anderen Arbeiterparteien entgegengesetzt ist

Komünistler, diğer işçi sınıfı partilerine karşı ayrı bir parti oluşturmazlar

Sie haben keine Interessen, die von denen des Proletariats als Ganzes getrennt und getrennt sind

Bir bütün olarak proletaryanın çıkarlarından ayrı ve ayrı çıkarları yoktur

Sie stellen keine eigenen sektiererischen Prinzipien auf, nach denen sie die proletarische Bewegung formen und formen könnten

Proleter hareketi şekillendirmek ve biçimlendirmek için kendilerine ait sekter ilkeler oluşturmazlar

Die Kommunisten unterscheiden sich von den anderen Arbeiterparteien nur durch zwei Dinge

Komünistler, diğer işçi sınıfı partilerinden sadece iki şeyle ayrılırlar

Erstens: Sie weisen auf die gemeinsamen Interessen des gesamten Proletariats hin und bringen sie in den Vordergrund, unabhängig von jeder Nationalität

Birincisi, tüm milliyetlerden bağımsız olarak, tüm proletaryanın ortak çıkarlarına işaret eder ve öne çıkarırlar

Das tun sie in den nationalen Kämpfen der Proletarier der verschiedenen Länder

Bunu, farklı ülkelerin proleterlerinin ulusal mücadelelerinde yaparlar

Zweitens vertreten sie immer und überall die Interessen der gesamten Bewegung

İkincisi, her zaman ve her yerde bir bütün olarak hareketin çıkarlarını temsil ederler

das tun sie in den verschiedenen Entwicklungsstadien, die der Kampf der Arbeiterklasse gegen die Bourgeoisie zu durchlaufen hat

Bunu, işçi sınıfının burjuvaziye karşı mücadelesinin geçmek zorunda olduğu çeşitli gelişme aşamalarında yaparlar

Die Kommunisten sind also auf der einen Seite praktisch der fortschrittlichste und entschiedenste Teil der Arbeiterparteien eines jeden Landes

Bu nedenle Komünistler, bir yandan, pratik olarak, her ülkenin işçi sınıfı partilerinin en ileri ve kararlı kesimidir

Sie sind der Teil der Arbeiterklasse, der alle anderen vorantreibt

Onlar, işçi sınıfının diğerlerini ileri iten kesimidir

Theoretisch haben sie auch den Vorteil, dass sie die Marschlinie klar verstehen

Teorik olarak, yürüyüş hattını net bir şekilde anlama avantajına da sahiptirler

Das verstehen sie besser im Vergleich zu der großen Masse des Proletariats

Bunu, proletaryanın büyük kitlesine kıyasla daha iyi anlıyorlar

Sie verstehen die Bedingungen und die letzten allgemeinen Ergebnisse der proletarischen Bewegung

Proleter hareketin koşullarını ve nihai genel sonuçlarını kavrarlar

Das unmittelbare Ziel des Kommunisten ist dasselbe wie das aller anderen proletarischen Parteien

Komünistin acil hedefi, diğer tüm proleter partilerinkiyle aynıdır

Ihr Ziel ist die Formierung des Proletariats zu einer Klasse

Amaçları, proletaryanın bir sınıf haline getirilmesidir

sie zielen darauf ab, die Vorherrschaft der Bourgeoisie zu stürzen

Burjuvazinin üstünlüğünü yıkmayı hedefliyorlar

das Streben nach politischer Machteroberung durch das Proletariat

Proletaryanın siyasal iktidarı ele geçirmesi için çaba

Die theoretischen Schlußfolgerungen der Kommunisten beruhen in keiner Weise auf Ideen oder Prinzipien der Reformer

Komünistlerin teorik sonuçları hiçbir şekilde reformcuların fikirlerine veya ilkelerine dayanmamaktadır

es waren keine Möchtegern-Universalreformer, die die theoretischen Schlussfolgerungen der Kommunisten erfunden oder entdeckt haben

Komünistlerin teorik sonuçlarını icat eden ya da keşfeden evrensel reformcular değildi

Sie drücken lediglich in allgemeinen Begriffen tatsächliche Verhältnisse aus, die aus einem bestehenden Klassenkampf hervorgehen

Yalnızca, genel anlamda, mevcut bir sınıf mücadelesinden kaynaklanan fiili ilişkileri ifade ederler

Und sie beschreiben die historische Bewegung, die sich unter unseren Augen abspielt und die diesen Klassenkampf hervorgebracht hat

Ve bu sınıf mücadelesini yaratan, gözlerimizin önünde devam eden tarihsel hareketi anlatıyorlar

Die Abschaffung bestehender Eigentumsverhältnisse ist keineswegs ein charakteristisches Merkmal des Kommunismus

Mevcut mülkiyet ilişkilerinin ortadan kaldırılması, komünizmin ayırt edici bir özelliği değildir

Alle Eigentumsverhältnisse in der Vergangenheit waren einem ständigen historischen Wandel unterworfen

Geçmişteki tüm mülkiyet ilişkileri sürekli olarak tarihsel değişime maruz kalmıştır

Und diese Veränderungen waren eine Folge der Veränderung der historischen Bedingungen

Ve bu değişiklikler, tarihsel koşullardaki değişimin sonucuydu

Die Französische Revolution zum Beispiel schaffte das Feudaleigentum zugunsten des Bourgeoisie Eigentums ab

Örneğin Fransız Devrimi, Burjuva mülkiyeti lehine feodal
mülkiyeti ortadan kaldırdı

**Das Unterscheidungsmerkmal des Kommunismus ist nicht
die Abschaffung des Eigentums im Allgemeinen**
Komünizmin ayırt edici özelliği, genel olarak mülkiyetin
kaldırılması değildir.

**aber das Unterscheidungsmerkmal des Kommunismus ist
die Abschaffung des Bourgeoisie Eigentums**
ama komünizmin ayırt edici özelliği, burjuva mülkiyetinin
ortadan kaldırılmasıdır

**Aber das Privateigentum der modernen Bourgeoisie ist der
letzte und vollständigste Ausdruck des Systems der
Produktion und Aneignung von Produkten**
Ancak modern burjuvazinin özel mülkiyeti, ürünleri üretme
ve kendine mal etme sisteminin en nihai ve en eksiksiz
ifadesidir

**Es ist der Endzustand eines Systems, das auf
Klassengegensätzen beruht, wobei der
Klassenantagonismus die Ausbeutung der Vielen durch die
Wenigen ist**
Bu, sınıf karşıtlıklarına dayanan, sınıf karşıtlığının
çoğunluğun azınlık tarafından sömürülmesi olduğu bir
sistemin son halidir

**In diesem Sinne läßt sich die Theorie der Kommunisten in
einem einzigen Satz zusammenfassen; die Abschaffung des
Privateigentums**
Bu anlamda, Komünistlerin teorisi tek bir cümlede
özetlenebilir; Özel mülkiyetin kaldırılması

**Uns Kommunisten hat man vorgeworfen, das Recht auf
persönlichen Eigentumserwerb abschaffen zu wollen**
Biz Komünistler, kişisel olarak mülk edinme hakkının ortadan
kaldırılması arzusuyla kınandık

**Es wird behauptet, dass diese Eigenschaft die Frucht der
eigenen Arbeit eines Menschen ist**
Bu mülkün bir insanın kendi emeğinin meyvesi olduğu iddia
edilir

Und diese Eigenschaft soll die Grundlage aller persönlichen Freiheit, Aktivität und Unabhängigkeit sein.

Ve bu mülkün tüm kişisel özgürlük, faaliyet ve bağımsızlığın temeli olduğu iddia ediliyor.

"Hart erkämpftes, selbst erworbenes, selbst verdientes Eigentum!"

"Zor kazanılmış, kendi kendine kazanılmış, kendi kendine kazanılmış mülk!"

Meinst du das Eigentum des kleinen Handwerkers und des Kleinbauern?

Küçük zanaatkârın ve küçük köylünün mülkiyetini mi kastediyorsunuz?

Meinen Sie eine Form des Eigentums, die der Bourgeoisie Form vorausging?

Burjuvazi biçiminden önce gelen bir mülkiyet biçimini mi kastediyorsunuz?

Es ist nicht nötig, sie abzuschaffen, die Entwicklung der Industrie hat sie zum großen Teil bereits zerstört

Bunu ortadan kaldırmaya gerek yok, sanayinin gelişmesi onu büyük ölçüde yok etti

Und die Entwicklung der Industrie zerstört sie immer noch täglich

Ve sanayinin gelişmesi hala onu her gün yok ediyor

Oder meinen Sie das moderne Bourgeoisie Privateigentum?

Yoksa modern burjuvazinin özel mülkiyetini mi kastediyorsunuz?

Aber schafft die Lohnarbeit irgendein Eigentum für den Arbeiter?

Ama ücretli emek, emekçi için herhangi bir mülkiyet yaratır mı?

Nein, die Lohnarbeit schafft nicht ein bisschen von dieser Art von Eigentum!

Hayır, ücretli emek bu tür bir mülkiyetin bir parçasını bile yaratmaz!

Was Lohnarbeit schafft, ist Kapital; jene Art von Eigentum, das Lohnarbeit ausbeutet

Ücretli emeğin yarattığı şey sermayedir; ücretli emeği
sömüren bu tür bir mülkiyet

**Das Kapital kann sich nur unter der Bedingung vermehren,
daß es ein neues Angebot an Lohnarbeit für neue
Ausbeutung erzeugt**

Sermaye, yeni bir sömürü için yeni bir ücretli emek arzı
yaratma koşulu dışında artamaz

**Das Eigentum in seiner jetzigen Form beruht auf dem
Antagonismus von Kapital und Lohnarbeit**

Mülkiyet, bugünkü biçimiyle, sermaye ile ücretli emek
karşıtlığına dayanır

Betrachten wir beide Seiten dieses Antagonismus

Bu karşıtlığın her iki tarafını da inceleyelim

**Kapitalist zu sein bedeutet nicht nur, einen rein
persönlichen Status zu haben**

Kapitalist olmak, yalnızca kişisel bir statüye sahip olmak
değildir

**Stattdessen bedeutet Kapitalist zu sein auch, einen sozialen
Status in der Produktion zu haben**

Bunun yerine, kapitalist olmak aynı zamanda üretimde
toplumsal bir statüye sahip olmaktır

**weil Kapital ein kollektives Produkt ist; Nur durch das
gemeinsame Handeln vieler Mitglieder kann sie in Gang
gesetzt werden**

çünkü sermaye kolektif bir üründür; Sadece birçok üyenin
birleşik eylemiyle harekete geçirilebilir

**Aber dieses gemeinsame Handeln ist der letzte Ausweg und
erfordert eigentlich alle Mitglieder der Gesellschaft**

Ancak bu birleşik eylem son çaredir ve aslında toplumun tüm
üyelerini gerektirir

**Das Kapital verwandelt sich in das Eigentum aller
Mitglieder der Gesellschaft**

Sermaye, toplumun tüm üyelerinin mülkiyetine dönüştürülür

**aber das Kapital ist also keine persönliche Macht; Es ist eine
gesellschaftliche Macht**

ama Sermaye bu nedenle kişisel bir güç değildir; sosyal bir güçtür

Wenn also Kapital in gesellschaftliches Eigentum umgewandelt wird, so verwandelt sich dadurch nicht persönliches Eigentum in gesellschaftliches Eigentum

Demek ki, sermaye toplumsal mülkiyete dönüştürüldüğünde, kişisel mülkiyet de toplumsal mülkiyete dönüşmez

Nur der gesellschaftliche Charakter des Eigentums wird verändert und verliert seinen Klassencharakter

Değişen, yalnızca mülkiyetin toplumsal niteliğidir ve sınıfsal karakterini kaybeder

Betrachten wir nun die Lohnarbeit

Şimdi ücretli emeğe bakalım

Der Durchschnittspreis der Lohnarbeit ist der Mindestlohn, d.h. das Quantum der Lebensmittel

Ücretli emeğin ortalama fiyatı, asgari ücrettir, yani geçim araçlarının miktarıdır

Dieser Lohn ist für die bloße Existenz als Arbeiter absolut notwendig

Bu ücret, bir işçi olarak çıplak varoluş için kesinlikle gereklidir

Was sich also der Lohnarbeiter durch seine Arbeit aneignet, genügt nur, um ein bloßes Dasein zu verlängern und zu reproduzieren

Demek ki, ücretli emekçinin emeği aracılığıyla el koyduğu şey, yalnızca, çıplak bir varoluşu uzatmaya ve yeniden üretmeye yeter

Wir beabsichtigen keineswegs, diese persönliche Aneignung der Arbeitsprodukte abzuschaffen

Biz, emeğin ürünlerine bu kişisel el koymayı hiçbir şekilde ortadan kaldırmak niyetinde değiliz

eine Aneignung, die für die Erhaltung und Reproduktion des menschlichen Lebens bestimmt ist

insan yaşamının sürdürülmesi ve çoğaltılması için yapılan bir ödenek

Eine solche persönliche Aneignung der Arbeitsprodukte lässt keinen Überschuss übrig, mit dem man die Arbeit anderer befehlen könnte

Emek ürünlerine bu şekilde kişisel olarak el konulması, başkalarının emeğine hükmetmek için hiçbir artı değer bırakmaz

Alles, was wir beseitigen wollen, ist der erbärmliche Charakter dieser Aneignung

Ortadan kaldırmak istediğimiz tek şey, bu sahiplenmenin sefil karakteridir

die Aneignung, unter der der Arbeiter lebt, bloß um das Kapital zu vermehren

emekçinin yalnızca sermayeyi artırmak için yaşadığı mülk edinme

Er darf nur leben, soweit es das Interesse der herrschenden Klasse erfordert

Sadece egemen sınıfın çıkarları gerektirdiği ölçüde yaşamasına izin verilir

In der Bourgeoisie Gesellschaft ist die lebendige Arbeit nur ein Mittel, um die akkumulierte Arbeit zu vermehren

Burjuva toplumunda canlı emek, birikmiş emeği artırmanın bir aracından başka bir şey değildir

In der kommunistischen Gesellschaft ist die akkumulierte Arbeit nur ein Mittel, um die Existenz des Arbeiters zu erweitern, zu bereichern und zu fördern

Komünist toplumda birikmiş emek, emekçinin varlığını genişletmenin, zenginleştirmenin, geliştirmenin bir aracından başka bir şey değildir

In der Bourgeoisie Gesellschaft dominiert daher die Vergangenheit die Gegenwart

Bu nedenle, burjuva toplumunda geçmiş, bugüne egemendir

In der kommunistischen Gesellschaft dominiert die Gegenwart die Vergangenheit

Komünist toplumda şimdiki zaman geçmişe hükmeder

In der Bourgeoisie Gesellschaft ist das Kapital unabhängig und hat Individualität

Burjuva toplumunda sermaye bağımsızdır ve bireyselliğe sahiptir

In der Bourgeoisie Gesellschaft ist der lebende Mensch abhängig und hat keine Individualität

Burjuva toplumunda yaşayan kişi bağımlıdır ve bireyselliği yoktur

Und die Abschaffung dieses Zustandes wird von der Bourgeoisie als Abschaffung der Individualität und Freiheit bezeichnet!

Ve bu durumun ortadan kaldırılması, burjuvazi tarafından, bireyselliğin ve özgürlüğün ortadan kaldırılması denir!

Und man nennt sie mit Recht die Abschaffung von Individualität und Freiheit!

Ve haklı olarak bireyselliğin ve özgürlüğün kaldırılması denir!

Der Kommunismus strebt die Abschaffung der Bourgeoisie Individualität an

Komünizm, Burjuva bireyselliğinin ortadan kaldırılmasını amaçlar

Der Kommunismus strebt die Abschaffung der Unabhängigkeit der Bourgeoisie an

Komünizm, burjuvazinin bağımsızlığını ortadan kaldırmayı amaçlamaktadır

Die BourgeoisieFreiheit ist zweifellos das, was der Kommunismus anstrebt

Burjuvazinin özgürlüğü kuşkusuz komünizmin hedeflediği şeydir

unter den gegenwärtigen Bourgeoisie Produktionsbedingungen bedeutet Freiheit freien Handel, freien Verkauf und freien Kauf

Burjuvazinin bugünkü üretim koşullarında özgürlük, serbest ticaret, serbest satış ve satın alma demektir

Aber wenn das Verkaufen und Kaufen verschwindet, verschwindet auch das freie Verkaufen und Kaufen

Ancak satış ve satın alma ortadan kalkarsa, serbest satış ve satın alma da ortadan kalkar

"Mutige Worte" der Bourgeoisie über den freien Verkauf und Kauf haben nur eine begrenzte Bedeutung

Burjuvazinin serbest satış ve satın alma hakkındaki "cesur sözleri" ancak sınırlı bir anlamda anlam taşır

Diese Worte haben nur im Gegensatz zu eingeschränktem Verkauf und Kauf eine Bedeutung

Bu kelimelerin yalnızca kısıtlı satış ve satın almanın aksine anlamı vardır

und diese Worte haben nur dann eine Bedeutung, wenn sie auf die gefesselten Händler des Mittelalters angewandt werden

ve bu kelimeler ancak Orta Çağ'ın zincire vurulmuş tüccarlarına uygulandığında anlam kazanır

und das setzt voraus, dass diese Worte überhaupt eine Bedeutung im Bourgeoisie Sinne haben

ve bu, bu kelimelerin Burjuva anlamda bir anlamı olduğunu bile varsayar

aber diese Worte haben keine Bedeutung, wenn sie gebraucht werden, um sich gegen die kommunistische Abschaffung des Kaufens und Verkaufens zu wehren

ancak bu kelimeler, Komünistlerin alım satımın kaldırılmasına karşı çıkmak için kullanıldıklarında hiçbir anlam ifade etmezler

die Worte haben keine Bedeutung, wenn sie gebraucht werden, um sich gegen die Abschaffung der Bourgeoisie Produktionsbedingungen zu wehren

Burjuvazinin üretim koşullarının ortadan kaldırılmasına karşı çıkmak için kullanılan kelimelerin hiçbir anlamı yoktur

und sie haben keine Bedeutung, wenn sie benutzt werden, um sich gegen die Abschaffung der Bourgeoisie selbst zu wehren

ve Burjuvazinin kendisinin ortadan kaldırılmasına karşı çıkmak için kullanıldıklarında hiçbir anlamları yoktur

Sie sind entsetzt über unsere Absicht, das Privateigentum abzuschaffen

Özel mülkiyeti ortadan kaldırma niyetimiz karşısında dehşete düşüyorsunuz

Aber in eurer jetzigen Gesellschaft ist das Privateigentum für neun Zehntel der Bevölkerung bereits abgeschafft

Ancak mevcut toplumunuzda, nüfusun onda dokuzu için özel mülkiyet zaten ortadan kaldırılmıştır

Die Existenz des Privateigentums für einige wenige beruht einzig und allein darauf, dass es in den Händen von neun Zehnteln der Bevölkerung nicht existiert.

Azınlık için özel mülkiyetin varlığı, yalnızca nüfusun onda dokuzunun elinde bulunmamasından kaynaklanmaktadır

Sie werfen uns also vor, daß wir eine Form des Eigentums abschaffen wollen

Bu nedenle, bir tür mülkiyeti ortadan kaldırmaya niyetlenmekle bizi suçluyorsunuz

Aber das Privateigentum erfordert für die ungeheure Mehrheit der Gesellschaft die Nichtexistenz jeglichen Eigentums

Ancak özel mülkiyet, toplumun büyük çoğunluğu için herhangi bir mülkiyetin var olmamasını gerektirir

Mit einem Wort, Sie werfen uns vor, daß wir Ihr Eigentum beseitigen wollen

Tek kelimeyle, mülkünüzü ortadan kaldırmak niyetinde olduğumuz için bizi suçluyorsunuz

Und genau so ist es; Ihr Eigentum abzuschaffen, ist genau das, was wir beabsichtigen

Ve aynen öyle; Mülkünüzü ortadan kaldırmak tam da niyetimiz

Von dem Augenblick an, wo die Arbeit nicht mehr in Kapital, Geld oder Rente verwandelt werden kann

Emeğin artık sermayeye, paraya ya da ranta dönüştürülemediği andan itibaren

wenn die Arbeit nicht mehr in eine gesellschaftliche Macht umgewandelt werden kann, die monopolisiert werden kann

Emeğin artık tekelleştirilebilecek bir toplumsal güce dönüştürülemediği zaman

von dem Augenblick an, wo das individuelle Eigentum
nicht mehr in Bourgeoisie Eigentum verwandelt werden
kann
bireysel mülkiyetin artık burjuva mülkiyetine
dönüştürülemediği andan itibaren
von dem Augenblick an, wo das individuelle Eigentum
nicht mehr in Kapital verwandelt werden kann
bireysel mülkiyetin artık sermayeye dönüştürülemediği andan
itibaren
Von diesem Moment an sagst du, dass die Individualität
verschwindet
O andan itibaren bireyselliğin yok olduğunu söylüyorsunuz
Sie müssen also gestehen, daß Sie mit »Individuum« keine
andere Person meinen als die Bourgeoisie
Bu nedenle, "birey" derken burjuvaziden başka bir kişiyi
kastetmediğinizi itiraf etmelisiniz
Sie müssen zugeben, dass es sich speziell auf den
Bourgeoisie Eigentümer von Immobilien bezieht
İtiraf etmelisiniz ki, özellikle orta sınıf mülk sahibine atıfta
bulunur
Diese Person muss in der Tat aus dem Weg geräumt und
unmöglich gemacht werden
Bu kişi gerçekten de yoldan çekilmeli ve imkansız hale
getirilmelidir
Der Kommunismus beraubt niemanden der Macht, sich die
Produkte der Gesellschaft anzueignen
Komünizm, hiç kimseyi toplumun ürünlerine el koyma
gücünden mahrum etmez
Alles, was der Kommunismus tut, ist, ihm die Macht zu
nehmen, die Arbeit anderer durch eine solche Aneignung zu
unterjochen
Komünizmin yaptığı tek şey, onu, böyle bir temellük yoluyla
başkalarının emeğine boyun eğdirme gücünden mahrum
etmektir
Man hat eingewendet, daß mit der Abschaffung des
Privateigentums alle Arbeit aufhören werde

Özel mülkiyetin kaldırılmasıyla tüm işlerin sona ereceği itirazı yapılmıştır

Und dann wird suggeriert, dass uns die universelle Faulheit überwältigen wird

Ve daha sonra evrensel tembelliğin bizi ele geçireceği öne sürülüyor

Demnach hätte die BourgeoisieGesellschaft schon längst vor lauter Müßiggang vor die Hunde gehen müssen

Buna göre, burjuva toplumunun uzun zaman önce katıksız tembellik yüzünden köpeklere gitmesi gerekirdi

denn diejenigen ihrer Mitglieder, die arbeiten, erwerben nichts

çünkü çalışan üyeleri hiçbir şey elde edemezler

und diejenigen von ihren Mitgliedern, die etwas erwerben, arbeiten nicht

ve herhangi bir şey elde eden üyeleri çalışmıyor

Der ganze Einwand ist nur ein weiterer Ausdruck der Tautologie

Bu itirazın bütünü, totolojinin bir başka ifadesinden başka bir şey değildir

Es kann keine Lohnarbeit mehr geben, wenn es kein Kapital mehr gibt

Sermaye kalmadığında, ücretli emek de olamaz

Es gibt keinen Unterschied zwischen materiellen und mentalen Produkten

Maddi ürünler ile zihinsel ürünler arasında hiçbir fark yoktur

Der Kommunismus schlägt vor, dass beides auf die gleiche Weise produziert wird

Komünizm, bunların her ikisinin de aynı şekilde üretildiğini öne sürer

aber die Einwände gegen die kommunistischen Produktionsweisen sind dieselben

ama Komünist üretim tarzlarına karşı itirazlar aynıdır

Für die Bourgeoisie ist das Verschwinden des Klasseneigentums das Verschwinden der Produktion selbst

Burjuvazi için sınıf mülkiyetinin ortadan kalkması, üretimin kendisinin ortadan kalkmasıdır

So ist für ihn das Verschwinden der Klassenkultur identisch mit dem Verschwinden aller Kultur

Bu yüzden sınıf kültürünün ortadan kalkması, onun için tüm kültürün ortadan kalkmasıyla özdeştir

Diese Kultur, deren Verlust er beklagt, ist für die überwiegende Mehrheit ein bloßes Training, um als Maschine zu agieren

Kaybından yakındığı bu kültür, büyük çoğunluk için sadece bir makine gibi davranma eğitimidir

Die Kommunisten haben die Absicht, die Kultur des Bourgeoisie Eigentums abzuschaffen

Komünistler, burjuva mülkiyet kültürünü ortadan kaldırmaya çok niyetlidirler

Aber zankt euch nicht mit uns, solange ihr den Maßstab eurer Bourgeoisie Vorstellungen von Freiheit, Kultur, Recht usw. anlegt

Ama burjuvazinin özgürlük, kültür, hukuk vb. kavramlarının standardını uyguladığınız sürece bizimle kavga etmeyin

Eure Ideen selbst sind nur die Auswüchse der Bedingungen eurer Bourgeoisie Produktion und eures Bourgeoisie Eigentums

Sizin fikirleriniz, Burjuva üretiminizin ve Burjuva mülkiyetinizin koşullarının bir sonucudur

so wie eure Jurisprudenz nichts anderes ist als der Wille eurer Klasse, der zum Gesetz für alle gemacht wurde

Tıpkı içtihatlarınızın sınıfınızın iradesinin herkes için bir yasa haline getirilmesi gibi

Der wesentliche Charakter und die Richtung dieses Willens werden durch die ökonomischen Bedingungen bestimmt, die Ihre soziale Klasse schafft

Bu iradenin temel niteliği ve yönü, sosyal sınıfınızın yarattığı ekonomik koşullar tarafından belirlenir

Der selbstsüchtige Irrtum, der dich veranlaßt, soziale Formen in ewige Gesetze der Natur und der Vernunft zu verwandeln

Toplumsal biçimleri doğanın ve aklın ebedi yasalarına dönüştürmenize neden olan bencil yanılgı

die gesellschaftlichen Formen, die aus eurer gegenwärtigen Produktionsweise und Eigentumsform entspringen

mevcut üretim tarzınızdan ve mülkiyet biçiminizden kaynaklanan toplumsal biçimler

historische Beziehungen, die im Fortschritt der Produktion auf- und verschwinden

Üretimin ilerleyişi içinde yükselen ve kaybolan tarihsel ilişkiler

Dieses Missverständnis teilt ihr mit jeder herrschenden Klasse, die euch vorausgegangen ist

Sizden önceki tüm egemen sınıflarla paylaştığınız bu yanılgı

Was Sie bei antikem Eigentum klar sehen, was Sie bei feudalem Eigentum zugeben

Eski mülkiyet söz konusu olduğunda açıkça gördüğünüz şeyi, feodal mülkiyet durumunda kabul ettiğiniz şey

diese Dinge dürfen Sie natürlich nicht zugeben, wenn es sich um Ihre eigene BourgeoisieEigentumsform handelt

bunları elbette kendi Burjuvazi mülkiyet biçiminiz söz konusu olduğunda kabul etmeniz yasaktır

Abschaffung der Familie! Selbst die Radikalsten entrüsten sich über diesen infamen Vorschlag der Kommunisten

Ailenin ortadan kaldırılması! Komünistlerin bu rezil önerisine en radikaller bile alevlendi

Auf welcher Grundlage beruht die heutige Familie, die BourgeoisieFamilie?

Bugünkü aile, Burjuva ailesi hangi temele dayanmaktadır?

Die Gründung der heutigen Familie beruht auf Kapital und privatem Gewinn

Mevcut ailenin temeli sermaye ve özel kazanca dayanmaktadır

In ihrer voll entwickelten Form existiert diese Familie nur unter der Bourgeoisie
Tamamen gelişmiş biçimiyle bu aile sadece burjuvazi arasında var

Dieser Zustand der Dinge findet seine Ergänzung in der praktischen Abwesenheit der Familie bei den Proletariern
Bu durum, proleterler arasında ailenin pratik yokluğunda tamamlayıcısını bulur

Dieser Zustand ist in der öffentlichen Prostitution zu finden
Bu durum halka açık bulunabilir

Die BourgeoisieFamilie wird wie selbstverständlich verschwinden, wenn ihr Komplement verschwindet
Burjuvazi ailesi, tamamlayıcısı ortadan kalktığında doğal olarak ortadan kalkacaktır

Und beides wird mit dem Verschwinden des Kapitals verschwinden
Ve bunların her ikisi de sermayenin yok olmasıyla birlikte ortadan kalkacaktır

Werfen Sie uns vor, dass wir die Ausbeutung von Kindern durch ihre Eltern stoppen wollen?
Bizi, çocukların ebeveynleri tarafından sömürülmesini durdurmak istemekle mi suçluyorsunuz?

Diesem Verbrechen bekennen wir uns schuldig
Bu suçu kabul ediyoruz

Aber, werden Sie sagen, wir zerstören die heiligsten Beziehungen, wenn wir die häusliche Erziehung durch die soziale Erziehung ersetzen
Ancak, diyeceksiniz ki, ev eğitimini sosyal eğitimle değiştirdiğimizde, en kutsal ilişkileri yok ediyoruz

Ist Ihre Erziehung nicht auch sozial? Und wird sie nicht von den gesellschaftlichen Bedingungen bestimmt, unter denen man erzieht?
Eğitiminiz aynı zamanda sosyal değil mi? Ve bu, eğitim verdiğiniz sosyal koşullar tarafından belirlenmiyor mu?

durch direkte oder indirekte Eingriffe in die Gesellschaft, durch Schulen usw.

toplumun doğrudan veya dolaylı müdahalesiyle, okullar vb. aracılığıyla.

Die Kommunisten haben die Einmischung der Gesellschaft in die Erziehung nicht erfunden

Komünistler, toplumun eğitime müdahalesini icat etmediler

Sie versuchen lediglich, den Charakter dieses Eingriffs zu ändern

Yaparlar, ancak bu müdahalenin karakterini değiştirmeye çalışırlar

Und sie versuchen, das Bildungswesen vor dem Einfluss der herrschenden Klasse zu retten

Ve eğitimi egemen sınıfın etkisinden kurtarmaya çalışıyorlar

Die Bourgeoisie spricht von der geheiligten Beziehung von Eltern und Kind

Burjuvazi, ebeveyn ve çocuğun kutsal birlikteliğinden bahseder

aber dieses Geschwätz über die Familie und die Erziehung wird um so widerwärtiger, wenn wir die moderne Industrie betrachten

ama aile ve eğitimle ilgili bu alkış tuzağı, Modern Endüstri'ye baktığımızda daha da hale geliyor

Alle Familienbande unter den Proletariern werden durch die moderne Industrie zerrissen

Proleterler arasındaki tüm aile bağları, modern sanayi tarafından parçalanmıştır

ihre Kinder werden zu einfachen Handelsartikeln und Arbeitsinstrumenten

Çocukları basit ticaret eşyalarına ve emek araçlarına dönüştürülüyor

Aber ihr Kommunisten würdet eine Gemeinschaft von Frauen schaffen, schreit die ganze Bourgeoisie im Chor

Ama siz Komünistler bir kadın topluluğu yaratacaksınız, diye bağırıyor tüm Burjuvazi koro halinde

Die Bourgeoisie sieht in seiner Frau ein bloßes Produktionsinstrument

Burjuvazi karısını sadece bir üretim aracı olarak görür

Er hört, dass die Produktionsmittel von allen ausgebeutet werden sollen

Üretim araçlarının herkes tarafından sömürülmesi gerektiğini duyar

Und natürlich kann er zu keinem anderen Schluß kommen, als daß das Los, allen gemeinsam zu sein, auch den Frauen zufallen wird

Ve doğal olarak, herkes için ortak olan payın aynı şekilde kadınlara da düşeceğinden başka bir sonuca varamaz

Er hat nicht einmal den geringsten Verdacht, dass es in Wirklichkeit darum geht, die Stellung der Frau als bloße Produktionsinstrumente abzuschaffen

Asıl meselenin, kadınların salt üretim araçları olarak statüsünü ortadan kaldırmak olduğuna dair en ufak bir şüphesi bile yok

Im übrigen ist nichts lächerlicher als die tugendhafte Empörung unserer Bourgeoisie über die Gemeinschaft der Frauen

Geri kalanlar için, hiçbir şey Burjuvazimizin kadın topluluğuna duyduğu erdemli öfkeden daha gülünç olamaz

sie tun so, als ob sie von den Kommunisten offen und offiziell eingeführt werden sollte

Komünistler tarafından açıkça ve resmen kurulmuş gibi davranıyorlar

Die Kommunisten haben es nicht nötig, die Gemeinschaft der Frauen einzuführen, sie existiert fast seit undenklichen Zeiten

Komünistlerin kadın topluluğunu tanıtmaya ihtiyaçları yoktur, neredeyse çok eski zamanlardan beri var olmuştur

Unsere Bourgeoisie begnügt sich nicht damit, die Frauen und Töchter ihrer Proletarier zur Verfügung zu haben

Burjuvazimiz, proleterlerinin karılarını ve kızlarını emrinde bulundurmakla yetinmez

Sie haben das größte Vergnügen daran, ihre Frauen gegenseitig zu verführen

Birbirlerinin eşlerini baştan çıkarmaktan en büyük zevki
alırlar

**Und das ist noch nicht einmal von gewöhnlichen
Prostituierten zu sprechen**

Ve bu sıradan bahsetmek bile değil

**Die BourgeoisieEhe ist in Wirklichkeit ein System
gemeinsamer Ehefrauen**

Burjuva evliliği gerçekte ortak bir eş sistemidir

**dann gibt es eine Sache, die man den Kommunisten
vielleicht vorwerfen könnte**

o zaman Komünistlerin muhtemelen kınanabileceği bir şey
var

**Sie wollen eine offen legalisierte Gemeinschaft von Frauen
einführen**

Açıkça yasallaştırılmış bir kadın topluluğu oluşturmak
istiyorlar

statt einer heuchlerisch verhüllten Gemeinschaft von Frauen

ikiyüzlü bir şekilde gizlenmiş bir kadın topluluğundan ziyade

**Die Gemeinschaft der Frauen, die aus dem
Produktionssystem hervorgegangen ist**

Üretim sisteminden doğan kadın topluluğu

**Schafft das Produktionssystem ab, und ihr schafft die
Gemeinschaft der Frauen ab**

Üretim sistemini ortadan kaldırırsanız, kadın topluluğunu da
ortadan kaldırırsınız

**Sowohl die öffentliche Prostitution als auch die private
Prostitution wird abgeschafft**

hem kamu fuhuşu kaldırıldı hem de özel

**Den Kommunisten wird noch dazu vorgeworfen, sie wollten
Länder und Nationalitäten abschaffen**

Komünistler, ülkeleri ve milliyetleri ortadan kaldırmayı
arzulamakla daha da kınanıyorlar

**Die Arbeiter haben kein Vaterland, also können wir ihnen
nicht nehmen, was sie nicht haben**

Emekçilerin vatanı yok, bu yüzden sahip olmadıkları şeyi
onlardan alamayız

Das Proletariat muss vor allem die politische Herrschaft erlangen

Proletarya her şeyden önce siyasal üstünlüğü ele geçirmelidir

Das Proletariat muss sich zur führenden Klasse der Nation erheben

Proletarya, ulusun önder sınıfı olmak için yükselmelidir

Das Proletariat muss sich zur Nation konstituieren

Proletarya kendisini ulus olarak oluşturmalıdır

sie ist bis jetzt selbst national, wenn auch nicht im Bourgeoisie Sinne des Wortes

şimdiye kadar, kelimenin Burjuva anlamında olmasa da, kendisi ulusaldır

Nationale Unterschiede und Gegensätze zwischen den Völkern verschwinden täglich mehr und mehr

Halklar arasındaki ulusal farklılıklar ve uzlaşmaz karşıtlıklar her geçen gün daha da ortadan kalkıyor

der Entwicklung der Bourgeoisie, der Freiheit des Handels, des Weltmarktes

Burjuvazinin gelişmesine, ticaret özgürlüğüne, dünya pazarına

zur Gleichförmigkeit der Produktionsweise und der ihr entsprechenden Lebensbedingungen

üretim tarzında ve buna tekabül eden yaşam koşullarında tekdüzeliğe

Die Herrschaft des Proletariats wird sie noch schneller verschwinden lassen

Proletaryanın üstünlüğü onların daha da hızlı yok olmalarına neden olacaktır

Die einheitliche Aktion, wenigstens der führenden zivilisierten Länder, ist eine der ersten Bedingungen für die Befreiung des Proletariats

En azından önde gelen uygar ülkelerin birleşik eylemi, proletaryanın kurtuluşunun ilk koşullarından biridir

In dem Maße, wie der Ausbeutung eines Individuums durch ein anderes ein Ende gesetzt wird, wird auch der

Ausbeutung einer Nation durch eine andere ein Ende gesetzt.

Bir bireyin bir başkası tarafından sömürülmesine son verildiği ölçüde, bir ulusun başka bir ulus tarafından sömürülmesine de son verilecektir.

In dem Maße, wie der Antagonismus zwischen den Klassen innerhalb der Nation verschwindet, wird die Feindschaft einer Nation gegen die andere ein Ende haben

Ulus içindeki sınıflar arasındaki uzlaşmaz karşıtlık ortadan kalktığı ölçüde, bir ulusun diğerine düşmanlığı da sona erecektir

Die Anschuldigungen gegen den Kommunismus, die von einem religiösen, philosophischen und allgemein von einem ideologischen Standpunkt aus erhoben werden, verdienen keine ernsthafte Prüfung

Komünizme karşı dini, felsefi ve genel olarak ideolojik bir bakış açısıyla yapılan suçlamalar ciddi bir incelemeyi hak etmemektedir

Braucht es eine tiefe Intuition, um zu begreifen, dass sich die Ideen, Ansichten und Vorstellungen des Menschen mit jeder Veränderung der Bedingungen seiner materiellen Existenz ändern?

İnsanın fikirlerinin, görüşlerinin ve kavramlarının, maddi varoluş koşullarındaki her değişiklikle değiştiğini kavramak derin bir sezgi gerektirir mi?

Ist es nicht offensichtlich, dass das Bewusstsein des Menschen sich Verändert, wenn seine sozialen Beziehungen und sein soziales Leben ändern?

İnsanın toplumsal ilişkileri ve toplumsal yaşamı değiştiğinde bilincinin de değiştiği açık değil midir?

Was beweist die Ideengeschichte anderes, als daß die geistige Produktion ihren Charakter in dem Maße ändert, wie die materielle Produktion verändert wird?

İdealar tarihi, maddi üretimin değiştiği oranda entelektüel üretimin de karakterini değiştirdiğinden başka neyi kanıtlıyor?

Die herrschenden Ideen eines jeden Zeitalters waren immer die Ideen seiner herrschenden Klasse

Her çağın egemen fikirleri, her zaman egemen sınıfın fikirleri olmuştur

Wenn Menschen von Ideen sprechen, die die Gesellschaft revolutionieren, drücken sie nur eine Tatsache aus

İnsanlar toplumda devrim yaratan fikirlerden bahsettiklerinde, sadece bir gerçeği ifade ederler

Innerhalb der alten Gesellschaft wurden die Elemente einer neuen geschaffen

Eski toplum içinde, yeni bir toplumun unsurları yaratılmıştır

und daß die Auflösung der alten Ideen mit der Auflösung der alten Daseinsverhältnisse Schritt hält

ve eski fikirlerin çözülmesinin, eski varoluş koşullarının çözülmesine bile ayak uydurduğunu

Als die Antike in den letzten Zügen lag, wurden die alten Religionen vom Christentum überwunden

Antik dünya son sancılarını yaşarken, eski dinler Hıristiyanlık tarafından alt edildi

Als die christlichen Ideen im 18. Jahrhundert den rationalistischen Ideen erlagen, kämpfte die feudale Gesellschaft ihren Todeskampf mit der damals revolutionären Bourgeoisie

18. yüzyılda Hıristiyan fikirler rasyonalist fikirlere yenik düştüğünde, feodal toplum o zamanki devrimci burjuvazi ile ölüm kalım savaşına girdi

Die Ideen der Religions- und Gewissensfreiheit brachten lediglich die Herrschaft des freien Wettbewerbs auf dem Gebiet des Wissens zum Ausdruck

Din özgürlüğü ve vicdan özgürlüğü fikirleri, yalnızca bilgi alanındaki serbest rekabetin etkisini ifade etti

"Zweifellos", wird man sagen, "sind religiöse, moralische, philosophische und juristische Ideen im Laufe der geschichtlichen Entwicklung modifiziert worden"

"Kuşkusuz" denilecektir, "dini, ahlaki, felsefi ve hukuksal fikirler tarihsel gelişim sürecinde değiştirilmiştir"

"Aber Religion, Moralphilosophie, Politikwissenschaft und Recht überlebten diesen Wandel ständig."

"Ama din, ahlak, felsefe, siyaset bilimi ve hukuk bu değişimden sürekli kurtuldu"

"Es gibt auch ewige Wahrheiten, wie Freiheit, Gerechtigkeit usw."

"Özgürlük, Adalet vb. gibi ebedi gerçekler de vardır"

"Diese ewigen Wahrheiten sind allen Zuständen der Gesellschaft gemeinsam"

"Bu ebedi gerçekler toplumun tüm devletleri için ortaktır"

"Aber der Kommunismus schafft die ewigen Wahrheiten ab, er schafft alle Religion und alle Moral ab."

"Ama komünizm ebedi gerçekleri ortadan kaldırır, tüm dinleri ve tüm ahlakı ortadan kaldırır."

"Sie tut dies, anstatt sie auf einer neuen Grundlage zu konstituieren"

"Yeni bir zeminde oluşturmak yerine bunu yapıyor"

"Sie handelt daher im Widerspruch zu allen bisherigen historischen Erfahrungen"

"Bu nedenle tüm geçmiş tarihsel deneyimlerle çelişiyor"

Worauf reduziert sich dieser Vorwurf?

Bu suçlama kendini neye indirgiyor?

Die Geschichte aller vergangenen Gesellschaften hat in der Entwicklung von Klassengegensätzen bestanden

Tüm geçmiş toplumların tarihi, sınıf karşıtlıklarının gelişmesinden ibarettir

Antagonismen, die in verschiedenen Epochen unterschiedliche Formen annahmen

farklı çağlarda farklı biçimler alan antagonizmalar

Aber welche Form sie auch immer angenommen haben mögen, eine Tatsache ist allen vergangenen Zeitaltern gemeinsam

Ancak hangi biçimi almış olurlarsa olsunlar, bir gerçek tüm geçmiş çağlar için ortaktır

die Ausbeutung eines Teils der Gesellschaft durch den anderen

toplumun bir bölümünün diğeri tarafından sömürülmesi

Kein Wunder also, dass sich das gesellschaftliche Bewußtsein vergangener Zeiten innerhalb gewisser allgemeiner Formen oder allgemeiner Vorstellungen bewegt

Öyleyse, geçmiş çağların toplumsal bilincinin belirli ortak biçimler ya da genel fikirler içinde hareket etmesine şaşmamak gerekir

(und das trotz aller Vielfalt und Vielfalt, die es zeigt)

(ve bu, sergilediği tüm çokluğa ve çeşitliliğe rağmen)

Und diese können nur mit dem gänzlichen Verschwinden der Klassengegensätze völlig verschwinden

Ve bunlar, sınıf karşıtlıklarının tamamen ortadan kalkması dışında tamamen ortadan kalkamaz

Die kommunistische Revolution ist der radikalste Bruch mit den traditionellen Eigentumsverhältnissen

Komünist devrim, geleneksel mülkiyet ilişkilerinden en radikal kopuştur

Kein Wunder, dass ihre Entwicklung den radikalsten Bruch mit den traditionellen Vorstellungen mit sich bringt

Gelişiminin geleneksel fikirlerle en radikal kopuşu içermesine şaşmamalı

Aber lassen wir die Einwände der Bourgeoisie gegen den Kommunismus hinter uns

Ama komünizme karşı burjuvazinin itirazlarını bitirelim

Wir haben oben den ersten Schritt der Arbeiterklasse in der Revolution gesehen

İşçi sınıfının devrimdeki ilk adımını yukarıda gördük

Das Proletariat muss zur Herrschaft erhoben werden, um den Kampf der Demokratie zu gewinnen

Proletarya, demokrasi savaşını kazanmak için yönetici konumuna yükseltilmelidir

Das Proletariat wird seine politische Vorherrschaft benutzen, um der Bourgeoisie nach und nach alles Kapital zu entreißen

Proletarya, siyasi üstünlüğünü, tüm sermayeyi burjuvaziden yavaş yavaş çekip almak için kullanacaktır

sie wird alle Produktionsmittel in den Händen des Staates zentralisieren

tüm üretim araçlarını devletin elinde merkezileştirecektir

Mit anderen Worten, das Proletariat organisierte sich als herrschende Klasse

Başka bir deyişle, proletarya egemen sınıf olarak örgütlendi

Und sie wird die Summe der Produktivkräfte so schnell wie möglich vermehren

Ve üretici güçlerin toplamını mümkün olduğu kadar hızlı bir şekilde artıracaktır

Natürlich kann dies anfangs nur durch despotische Eingriffe in die Eigentumsrechte geschehen

Elbette, başlangıçta, bu, mülkiyet haklarına yönelik despotik saldırılar dışında gerçekleştirilemez

und sie muss unter den Bedingungen der Bourgeoisie Produktion erreicht werden

ve bu, burjuvazinin üretim koşullarında gerçekleştirilmelidir

Sie wird also durch Maßnahmen erreicht, die wirtschaftlich unzureichend und unhaltbar erscheinen

Bu nedenle, ekonomik olarak yetersiz ve savunulamaz görünen önlemlerle elde edilir

aber diese Mittel überflügeln sich im Laufe der Bewegung selbst

Ancak bu araçlar, hareket sırasında kendilerini aşar

sie erfordern weitere Eingriffe in die alte Gesellschaftsordnung

eski toplumsal düzene daha fazla girmeyi gerektirirler

und sie sind unvermeidlich, um die Produktionsweise völlig zu revolutionieren

ve üretim tarzını tamamen devrimcileştirmenin bir aracı olarak kaçınılmazdırlar

Diese Maßnahmen werden natürlich in den verschiedenen Ländern unterschiedlich sein

Bu önlemler elbette farklı ülkelerde farklı olacaktır

Nichtsdestotrotz wird in den am weitesten fortgeschrittenen Ländern das Folgende ziemlich allgemein anwendbar sein

Bununla birlikte, en gelişmiş ülkelerde, aşağıdakiler oldukça genel olarak uygulanabilir olacaktır

1. Abschaffung des Grundeigentums und Verwendung aller Grundrenten für öffentliche Zwecke.

1. Arazi mülkiyetinin kaldırılması ve tüm arazi kiralarının kamu amaçlarına uygulanması.

2. Eine hohe progressive oder abgestufte Einkommensteuer.

2. Ağır artan oranlı veya kademeli gelir vergisi.

3. Abschaffung jeglichen Erbrechts.

3. Tüm miras hakkının kaldırılması.

4. Konfiskation des Eigentums aller Emigranten und Rebellen.

4. Tüm göçmenlerin ve isyancıların mülklerine el konulması.

5. Zentralisierung des Kredits in den Händen des Staates durch eine Nationalbank mit staatlichem Kapital und ausschließlichem Monopol.

5. Devlet sermayesi ve münhasır tekeli olan bir ulusal banka aracılığıyla kredinin Devletin elinde merkezileştirilmesi.

6. Zentralisierung der Kommunikations- und Transportmittel in den Händen des Staates.

6. İletişim ve ulaşım araçlarının Devletin elinde merkezileştirilmesi.

7. Ausbau der Fabriken und Produktionsmittel im Eigentum des Staates

7. Devlete ait fabrikaların ve üretim araçlarının genişletilmesi **die Kultivierung von Ödland und die Verbesserung des Bodens überhaupt nach einem gemeinsamen Plan.**

çorak toprakların işlenmesine başlanması ve toprağın genel olarak ortak bir plana uygun olarak ıslah edilmesi.

8. Gleiche Haftung aller für die Arbeit

8. Herkesin emeğe karşı eşit sorumluluğu

Aufbau von Industriearmeen, vor allem für die Landwirtschaft.

Özellikle tarım için sanayi ordularının kurulması.

9. Kombination der Landwirtschaft mit dem verarbeitenden Gewerbe

9. Tarımın imalat sanayileri ile birleşimi
allmähliche Aufhebung der Unterscheidung zwischen Stadt und Land durch eine gleichmäßigere Verteilung der Bevölkerung über das Land.
Kasaba ve kır arasındaki ayrımın kademeli olarak kaldırılması, nüfusun ülke üzerinde daha eşit bir şekilde dağıtılması.
10. Kostenlose Bildung für alle Kinder in öffentlichen Schulen.
10. Devlet okullarındaki tüm çocuklar için ücretsiz eğitim.
Abschaffung der Kinderfabrikarbeit in ihrer jetzigen Form
Fabrika işçiliğinin bugünkü biçimiyle ortadan kaldırılması
Kombination von Bildung und industrieller Produktion
Eğitimin endüstriyel üretimle birleşimi
Wenn im Laufe der Entwicklung die Klassenunterschiede verschwunden sind
Gelişme sürecinde sınıf ayrımları ortadan kalktığında
und wenn die ganze Produktion in den Händen einer ungeheuren Assoziation der ganzen Nation konzentriert ist
ve tüm üretim, tüm ulusun geniş bir birliğinin elinde toplandığında
dann verliert die Staatsgewalt ihren politischen Charakter
o zaman kamu gücü siyasi karakterini kaybeder
Politische Macht, eigentlich so genannt, ist nichts anderes als die organisierte Macht einer Klasse, um eine andere zu unterdrücken
Siyasal iktidar, doğru bir ifadeyle, bir sınıfın diğerini ezmek için örgütlü iktidarından başka bir şey değildir
Wenn das Proletariat in seinem Kampf mit der Bourgeoisie durch die Gewalt der Umstände gezwungen ist, sich als Klasse zu organisieren
Eğer proletarya, burjuvazi ile mücadelesi sırasında, koşulların zoruyla, kendisini bir sınıf olarak örgütlemeye zorlanırsa
wenn sie sich durch eine Revolution zur herrschenden Klasse macht
eğer bir devrim yoluyla kendisini egemen sınıf haline getirirse

und als solche fegt sie mit Gewalt die alten Produktionsbedingungen hinweg

Ve böylece, eski üretim koşullarını zorla silip süpürür

dann wird sie mit diesen Bedingungen auch die Bedingungen für die Existenz der Klassengegensätze und der Klassen überhaupt hinweggefegt haben

o zaman, bu koşullarla birlikte, sınıf karşıtlıklarının ve genel olarak sınıfların varoluş koşullarını da ortadan kaldırmış olacaktır

und wird damit seine eigene Vorherrschaft als Klasse aufgehoben haben.

ve böylece bir sınıf olarak kendi üstünlüğünü ortadan kaldırmış olacaktır.

An die Stelle der alten Bourgeoisie Gesellschaft mit ihren Klassen und Klassengegensätzen treten eine Assoziation

Sınıfları ve sınıf karşıtlıklarıyla eski burjuva toplumunun yerine, bir birliğimiz olacaktır

eine Assoziation, in der die freie Entwicklung eines jeden die Bedingung für die freie Entwicklung aller ist

Her birinin özgür gelişiminin, herkesin özgür gelişiminin koşulu olduğu bir birlik

1) Reaktionärer Sozialismus
1) Gerici Sosyalizm

a) Feudaler Sozialismus
a) Feodal Sosyalizm

die Aristokratien Frankreichs und Englands hatten eine einzigartige historische Stellung
Fransa ve İngiltere aristokrasilerinin benzersiz bir tarihsel konumu vardı
es wurde zu ihrer Berufung, Pamphlete gegen die moderne Boureoisie Gesellschaft zu schreiben
modern Burjuva toplumuna karşı broşürler yazmak onların mesleği haline geldi
In der französischen Revolution vom Juli 1830 und in der englischen Reformagitation
Temmuz 1830 Fransız Devrimi'nde ve İngiliz reform ajitasyonunda
Diese Aristokratien erlagen wieder dem hasserfüllten Emporkömmling
Bu aristokrasiler yine nefret dolu başlangıçlara yenik düştü
An eine ernsthafte politische Auseinandersetzung war fortan nicht mehr zu denken
O andan itibaren, ciddi bir siyasi yarışma söz konusu değildi
Alles, was möglich blieb, war eine literarische Schlacht, keine wirkliche Schlacht
Mümkün olan tek şey gerçek bir savaş değil, edebi bir savaştı
Aber auch auf dem Gebiet der Literatur waren die alten Schreie der Restaurationszeit unmöglich geworden
Ancak edebiyat alanında bile restorasyon döneminin eski çığlıkları imkansız hale gelmişti
Um Sympathie zu erregen, mußte die Aristokratie offenbar ihre eigenen Interessen aus den Augen verlieren
Sempati uyandırmak için, aristokrasi, görünüşe göre, kendi çıkarlarını gözden kaçırmak zorunda kaldı

und sie waren gezwungen, ihre Anklage gegen die
Bourgeoisie im Interesse der ausgebeuteten Arbeiterklasse
zu formulieren
ve burjuvaziye karşı iddianamelerini sömürülen işçi sınıfının
çıkarları için formüle etmek zorunda kaldılar
So rächte sich die Aristokratie, indem sie ihren neuen Herrn
verspottete
Böylece aristokrasi, yeni efendilerine laflar söyleyerek
intikamını aldı
Und sie rächten sich, indem sie ihm unheimliche
Prophezeiungen über die kommende Katastrophe ins Ohr
flüsterten
ve yaklaşan felaketin uğursuz kehanetlerini kulaklarına
fısıldayarak intikamlarını aldılar
So entstand der feudale Sozialismus: halb Klage, halb Spott
Bu şekilde Feodal Sosyalizm ortaya çıktı: yarı ağıt, yarı lamba
Es klang halb wie ein Echo der Vergangenheit und
projizierte halb die Bedrohung der Zukunft
Geçmişin yarı yankısı olarak çaldı ve geleceğin yarı tehdidi
olarak yansıtıldı
zuweilen traf sie durch ihre bittere, geistreiche und scharfe
Kritik die Bourgeoisie bis ins Mark
zaman zaman acı, nükteli ve keskin eleştirileriyle burjuvaziyi
derinden vurdu
aber es war immer lächerlich in seiner Wirkung, weil es
völlig unfähig war, den Gang der neueren Geschichte zu
begreifen
ama modern tarihin ilerleyişini kavrama konusundaki tam
yetersizliği nedeniyle etkisi her zaman gülünçtü
Die Aristokratie schwenkte, um das Volk um sich zu
scharen, den proletarischen Almosensack als Banner
Aristokrasi, halkı kendilerine toplamak için, proleter sadaka
torbasını bir pankart için salladılar
Aber das Volk, so oft es sich zu ihnen gesellte, sah auf
seinem Hinterteil die alten Feudalwappen

Ama halk, sık sık onlara katılır katılmaz, arka taraflarında eski feodal armalar gördüler

Und sie verließen mit lautem und respektlosem Gelächter

ve yüksek sesle ve saygısız kahkahalarla firar ettiler

Ein Teil der französischen Legitimisten und des "jungen Englands" zeigte dieses Schauspiel

Fransız Meşruiyetçilerinin ve "Genç İngiltere"nin bir kesimi bu gösteriyi sergiledi

die Feudalisten wiesen darauf hin, dass ihre Ausbeutungsweise eine andere sei als die der Bourgeoisie

feodaller, sömürü biçimlerinin burjuvazininkinden farklı olduğuna dikkat çektiler

Die Feudalisten vergessen, dass sie unter ganz anderen Umständen und Bedingungen ausgebeutet haben

Feodalistler, oldukça farklı koşullar ve koşullar altında sömürdüklerini unutuyorlar

Und sie haben nicht bemerkt, dass solche Methoden der Ausbeutung heute veraltet sind

Ve bu tür sömürü yöntemlerinin artık modası geçmiş olduğunu fark etmediler

Sie zeigten, dass unter ihrer Herrschaft das moderne Proletariat nie existiert hat

Onlar, kendi egemenlikleri altında modern proletaryanın hiçbir zaman var olmadığını gösterdiler

aber sie vergessen, daß die moderne Bourgeoisie der notwendige Sprößling ihrer eigenen Gesellschaftsform ist

ama modern burjuvazinin kendi toplum biçimlerinin zorunlu ürünü olduğunu unutuyorlar

Im übrigen verbergen sie kaum den reaktionären Charakter ihrer Kritik

Geri kalanı için, eleştirilerinin gerici karakterini pek gizlemiyorlar

ihre Hauptanklage gegen die Bourgeoisie läuft auf folgendes hinaus

Burjuvaziye yönelttikleri başlıca suçlamalar şu şekildedir

unter dem Boureoisie Regime entwickelt sich eine soziale Klasse

Burjuva rejimi altında bir sosyal sınıf gelişiyor

Diese soziale Klasse ist dazu bestimmt, die alte Gesellschaftsordnung an der Wurzel zu zerschneiden

Bu sosyal sınıf, toplumun eski düzenini kökten kesmeye ve dallandırmaya yazgılıdır

Womit sie die Bourgeoisie aufpeppen, ist nicht so sehr, dass sie ein Proletariat schafft

Burjuvaziyi yükselttikleri şey, bir proletarya yaratacak kadar değildir

womit sie die Bourgeoisie aufpeppen, ist mehr, dass sie ein revolutionäres Proletariat schafft

Burjuvaziyi örttüğü şey, daha çok, devrimci bir proletarya yaratmasıdır

In der politischen Praxis beteiligen sie sich daher an allen Zwangsmaßnahmen gegen die Arbeiterklasse

Bu nedenle, siyasi pratikte, işçi sınıfına karşı her türlü zorlayıcı önlemde birleşirler

Und im gewöhnlichen Leben bücken sie sich, trotz ihrer hochtrabenden Phrasen, um die goldenen Äpfel aufzuheben, die vom Baum der Industrie fallen gelassen wurden

Ve sıradan hayatta, yüksek falutin ifadelerine rağmen, sanayi ağacından düşen altın elmaları almak için eğilirler

Und sie tauschen Wahrheit, Liebe und Ehre gegen den Handel mit Wolle, Rote-Bete-Zucker und Kartoffelbränden

Yün, pancar-şeker ve patates içkisi ticareti için gerçeği, sevgiyi ve onuru takas ederler

Wie der Pfarrer immer Hand in Hand mit dem Gutsherrn gegangen ist, so ist es der klerikale Sozialismus mit dem feudalen Sozialismus getan

Papazın toprak sahibiyle el ele gittiği gibi, Ruhban Sosyalizmi de Feodal Sosyalizmle el ele gitmiştir

Nichts ist leichter, als der christlichen Askese einen sozialistischen Anstrich zu geben

Hıristiyan çileciliğine sosyalist bir renk vermekten daha kolay
bir şey yoktur

**Hat nicht das Christentum gegen das Privateigentum, gegen
die Ehe, gegen den Staat deklamiert?**

Hıristiyanlık özel mülkiyete, evliliğe, devlete karşı çıkmadı
mı?

**Hat das Christentum nicht an die Stelle dieser
Nächstenliebe und Armut getreten?**

Hıristiyanlık bunların yerine hayırseverlik ve fakirlik vaaz
etmedi mi?

**Predigt das Christentum nicht den Zölibat und die Abtötung
des Fleisches, das monastische Leben und die Mutter
Kirche?**

Hıristiyanlık, bekarlığı ve bedenin aşağılanmasını, manastır
yaşamını ve Ana Kilise'yi vaaz etmiyor mu?

**Der christliche Sozialismus ist nur das Weihwasser, mit dem
der Priester das Herzbrennen des Aristokraten weiht**

Hıristiyan Sosyalizmi, rahibin aristokratın yürek yakmalarını
kutsadığı kutsal sudan başka bir şey değildir

b) Kleinbürgerlicher Sozialismus
b) Küçük-Burjuva Sosyalizmi

**Die feudale Aristokratie war nicht die einzige Klasse, die
von der Bourgeoisie ruiniert wurde**
Feodal aristokrasi, burjuvazi tarafından mahvedilen tek sınıf
değildi
**sie war nicht die einzige Klasse, deren Existenzbedingungen
in der Atmosphäre der modernen Bourgeoisie Gesellschaft
schmachten und zugrunde gingen**
varoluş koşulları modern Burjuva toplumunun atmosferinde
sıkışıp kalan tek sınıf değildi
**Die mittelalterliche Bürgerschaft und die kleinbäuerlichen
Eigentümer waren die Vorläufer des modernen Bourgeoisie**
Ortaçağ kentlileri ve küçük köylü mülk sahipleri, modern
burjuvazinin öncüleriydi
**In den Ländern, die industriell und kommerziell nur wenig
entwickelt sind, vegetieren diese beiden Klassen noch Seite
an Seite**
Sınaî ve ticarî bakımdan çok az gelişmiş olan ülkelerde, bu iki
sınıf hâlâ yan yana bitkisel hayatta
**und in der Zwischenzeit erhebt sich die Bourgeoisie neben
ihnen: industriell, kommerziell und politisch**
ve bu arada burjuvazi onların yanında ayağa kalkar:
endüstriyel, ticari ve politik olarak
**In den Ländern, in denen die moderne Zivilisation voll
entwickelt ist, hat sich eine neue Klasse des
Kleinbourgeoisie gebildet**
Modern uygarlığın tam olarak geliştiği ülkelerde, yeni bir
küçük-burjuvazi sınıfı oluşmuştur
**diese neue soziale Klasse schwankt zwischen Proletariat
und Bourgeoisie**
bu yeni sosyal sınıf, proletarya ve burjuvazi arasında
dalgalanmaktadır
**und sie erneuert sich ständig als ergänzender Teil der
Bourgeoisie Gesellschaft**

ve Burjuva toplumunun tamamlayıcı bir parçası olarak
kendini sürekli yeniliyor

**Die einzelnen Glieder dieser Klasse aber werden
fortwährend in das Proletariat hinabgeschleudert**
Ne var ki, bu sınıfın tek tek üyeleri, sürekli olarak
proletaryanın içine atılmaktadır

**sie werden vom Proletariat durch die Einwirkung der
Konkurrenz aufgesaugt**
Rekabet eylemi yoluyla proletarya tarafından emilirler

**In dem Maße, wie sich die moderne Industrie entwickelt,
sehen sie sogar den Augenblick herannahen, in dem sie als
eigenständiger Teil der modernen Gesellschaft völlig
verschwinden wird**
Modern sanayi geliştikçe, modern toplumun bağımsız bir
kesimi olarak tamamen ortadan kalkacakları anın yaklaştığını
bile görüyorlar

**Sie werden in der Manufaktur, in der Landwirtschaft und
im Handel durch Aufseher, Gerichtsvollzieher und Krämer
ersetzt werden**
İmalat sanayinde, tarımda ve ticarette onların yerini
gözetmenler, icra memurları ve esnaflar alacak

**In Ländern wie Frankreich, wo die Bauern weit mehr als die
Hälfte der Bevölkerung ausmachen**
Köylülerin nüfusun yarısından fazlasını oluşturduğu Fransa
gibi ülkelerde

**es war natürlich, dass es Schriftsteller gab, die sich auf die
Seite des Proletariats gegen die Bourgeoisie stellten**
Burjuvaziye karşı proletaryanın yanında yer alan yazarların
olması doğaldı

**in ihrer Kritik am Bourgeoisie Regime benutzten sie den
Maßstab des Bauern- und Kleinbourgeoisie**
Burjuva rejimini eleştirirken köylü ve küçük burjuvazinin
standardını kullandılar

**Und vom Standpunkt dieser Zwischenklassen aus ergreifen
sie die Keule für die Arbeiterklasse**

Ve bu ara sınıfların bakış açısından, işçi sınıfı için sopaları ele alıyorlar

So entstand der Kleinbourgeoisie Sozialismus, dessen Haupt Sismondi nicht nur in Frankreich, sondern auch in England war

Böylece, Sismondi'nin bu okulun başkanı olduğu küçük-burjuva sosyalizmi, yalnızca Fransa'da değil, İngiltere'de de ortaya çıktı

Diese Schule des Sozialismus sezierte mit großer Schärfe die Widersprüche in den Bedingungen der modernen Produktion

Bu sosyalizm okulu, modern üretim koşullarındaki çelişkileri büyük bir keskinlikle inceledi

Diese Schule entlarvte die heuchlerischen Entschuldigungen der Ökonomen

Bu okul, iktisatçıların ikiyüzlü özürlerini gözler önüne serdi

Diese Schule bewies unwiderlegbar die verheerenden Auswirkungen der Maschinerie und der Arbeitsteilung

Bu okul, makinelerin ve işbölümünün yıkıcı etkilerini inkar edilemez bir şekilde kanıtladı

Es bewies die Konzentration von Kapital und Grund und Boden in wenigen Händen

Sermayenin ve toprağın birkaç elde toplandığını kanıtladı

sie bewies, wie Überproduktion zu Bourgeoisie-Krisen führt

aşırı üretimin nasıl burjuva krizlerine yol açtığını kanıtladı

sie wies auf den unvermeidlichen Ruin des Kleinbourgeoisie' und der Bauern hin

küçük-burjuvazinin ve köylünün kaçınılmaz yıkımına işaret ediyordu

das Elend des Proletariats, die Anarchie in der Produktion, die schreiende Ungleichheit in der Verteilung des Reichtums

proletaryanın sefaleti, üretimdeki anarşi, servetin dağılımındaki haykıran eşitsizlikler

Er zeigte, wie das Produktionssystem den industriellen Vernichtungskrieg zwischen den Nationen führt

Üretim sisteminin, uluslar arasındaki endüstriyel imha savaşına nasıl yol açtığını gösterdi

die Auflösung der alten sittlichen Bande, der alten Familienverhältnisse, der alten Nationalitäten

eski ahlaki bağların, eski aile ilişkilerinin, eski milliyetlerin çözülmesi

In ihren positiven Zielen strebt diese Form des Sozialismus jedoch eines von zwei Dingen an

Bununla birlikte, olumlu amaçlarında, sosyalizmin bu biçimi iki şeyden birini başarmayı amaçlamaktadır

Entweder zielt sie darauf ab, die alten Produktions- und Tauschmittel wiederherzustellen

Ya eski üretim ve değişim araçlarını yeniden kurmayı hedefliyor

und mit den alten Produktionsmitteln würde sie die alten Eigentumsverhältnisse und die alte Gesellschaft wiederherstellen

Ve eski üretim araçlarıyla, eski mülkiyet ilişkilerini ve eski toplumu yeniden kuracaktı

oder sie zielt darauf ab, die modernen Produktions- und Austauschmittel in den alten Rahmen der Eigentumsverhältnisse zu zwängen

ya da modern üretim ve mübadele araçlarını mülkiyet ilişkilerinin eski çerçevesine sıkıştırmayı amaçlar

In beiden Fällen ist es sowohl reaktionär als auch utopisch

Her iki durumda da hem gerici hem de ütopiktir

Seine letzten Worte lauten: Korporativzünfte für die Manufaktur, patriarchalische Verhältnisse in der Landwirtschaft

Son sözleri şunlardır: üretim için şirket loncaları, tarımda ataerkil ilişkiler

Schließlich, als hartnäckige historische Tatsachen alle berauschenden Wirkungen der Selbsttäuschung zerstreut hatten,

Nihayetinde, inatçı tarihsel gerçekler, kendini aldatmanın tüm sarhoş edici etkilerini dağıttığında

diese Form des Sozialismus endete in einem elenden Anfall
von Mitleid
Sosyalizmin bu biçimi sefil bir acıma nöbetiyle sona erdi

c) Deutscher oder "wahrer" Sozialismus
c) Alman ya da "Gerçek" Sosyalizm

Die sozialistische und kommunistische Literatur
Frankreichs entstand unter dem Druck einer herrschenden
Bourgeoisie
Fransa'nın Sosyalist ve Komünist edebiyatı, iktidardaki bir
Burjuvazinin baskısı altında ortaya çıktı
Und diese Literatur war der Ausdruck des Kampfes gegen
diese Macht
Ve bu edebiyat, bu iktidara karşı mücadelenin ifadesiydi
sie wurde in Deutschland zu einer Zeit eingeführt, als die
Bourgeoisie gerade ihren Kampf mit dem feudalen
Absolutismus begonnen hatte
Burjuvazinin feodal mutlakiyetçilikle mücadelesine yeni
başladığı bir dönemde Almanya'ya tanıtıldı
Deutsche Philosophen, Möchtegern-Philosophen und Beaux
Esprits griffen begierig zu dieser Literatur
Alman filozoflar, müstakbel filozoflar ve beaux espritler bu
literatüre hevesle sarıldılar
aber sie vergaßen, daß die Schriften aus Frankreich nach
Deutschland einwanderten, ohne die französischen
Gesellschaftsverhältnisse mitzubringen
ama yazıların Fransa'dan Almanya'ya göç ettiğini ve Fransız
toplumsal koşullarını beraberinde getirmediğini unuttular
Im Kontakt mit den deutschen gesellschaftlichen
Verhältnissen verlor diese französische Literatur ihre
unmittelbare praktische Bedeutung
Alman toplumsal koşullarıyla temas halinde, bu Fransız
edebiyatı tüm dolaysız pratik önemini yitirdi

und die kommunistische Literatur Frankreichs nahm in deutschen akademischen Kreisen einen rein literarischen Aspekt an

ve Fransa'nın Komünist edebiyatı, Alman akademik çevrelerinde tamamen edebi bir yön kazandı

So waren die Forderungen der ersten Französischen Revolution nichts anderes als die Forderungen der "praktischen Vernunft"

Bu nedenle, ilk Fransız Devrimi'nin talepleri, "Pratik Aklın" taleplerinden başka bir şey değildi

und die Willensäußerung der revolutionären französischen Bourgeoisie bedeutete in ihren Augen das Gesetz des reinen Willens

ve devrimci Fransız Burjuvazisinin iradesinin dile getirilmesi, onların gözünde saf irade yasasını ifade ediyordu

es bedeutete den Willen, wie er sein mußte; des wahren menschlichen Willens überhaupt

olması gerektiği gibi İrade'yi ifade ediyordu; genel olarak gerçek insan iradesinin

Die Welt der deutschen Literaten bestand einzig und allein darin, die neuen französischen Ideen mit ihrem alten philosophischen Gewissen in Einklang zu bringen

Alman edebiyatçılarının dünyası, yalnızca yeni Fransız fikirlerini eski felsefi vicdanlarıyla uyumlu hale getirmekten ibaretti

oder vielmehr, sie annektierten die französischen Ideen, ohne ihren eigenen philosophischen Standpunkt aufzugeben

daha doğrusu, kendi felsefi bakış açılarını terk etmeden Fransız fikirlerini ilhak ettiler

Diese Annexion vollzog sich auf die gleiche Weise, wie man sich eine Fremdsprache aneignet, nämlich durch Übersetzung

Bu ilhak, yabancı bir dilin sahiplenildiği şekilde, yani çeviri yoluyla gerçekleşti

Es ist bekannt, wie die Mönche alberne Leben katholischer Heiliger über Manuskripte schrieben

Keşişlerin el yazmaları üzerine Katolik Azizlerin aptalca hayatlarını nasıl yazdıkları iyi bilinmektedir

die Manuskripte, auf denen die klassischen Werke des antiken Heidentums geschrieben waren

Eski putperestliğin klasik eserlerinin yazıldığı el yazmaları

Die deutschen Literaten kehrten diesen Prozess mit der profanen französischen Literatur um

Alman edebiyatçıları bu süreci saygısız Fransız edebiyatıyla tersine çevirdiler

Sie schrieben ihren philosophischen Unsinn unter das französische Original

Felsefi saçmalıklarını Fransızca aslının altına yazdılar

Zum Beispiel schrieben sie unter der französischen Kritik an den ökonomischen Funktionen des Geldes "Entfremdung der Menschheit"

Örneğin, Fransızların paranın ekonomik işlevlerine yönelik eleştirilerinin altına "İnsanlığın Yabancılaşması"nı yazdılar

unter die französische Kritik am Bourgeoisie Staat schrieben sie "Entthronung der Kategorie des Generals"

Fransızların Burjuva Devletine yönelik eleştirisinin altına "Genel Kategorisinin Tahttan İndirilmesi" yazdılar

Die Einführung dieser philosophischen Phrasen hinter der französischen Geschichtskritik nannten sie:

Bu felsefi ifadelerin Fransız tarih eleştirilerinin arkasına girmesi:

"Philosophie des Handelns", "Wahrer Sozialismus", "Deutsche Sozialismuswissenschaft", "Philosophische Grundlagen des Sozialismus" und so weiter

"Eylem Felsefesi", "Gerçek Sosyalizm", "Alman Sosyalizm Bilimi", "Sosyalizmin Felsefi Temeli" vb.

Die französische sozialistische und kommunistische Literatur wurde damit völlig entmannt

Fransız Sosyalist ve Komünist edebiyatı böylece tamamen iğdiş edildi

in den Händen der deutschen Philosophen hörte sie auf, den Kampf der einen Klasse mit der anderen auszudrücken
Alman filozoflarının elinde, bir sınıfın diğeriyle mücadelesini ifade etmekten vazgeçti
und so fühlten sich die deutschen Philosophen bewußt, die "französische Einseitigkeit" überwunden zu haben
ve böylece Alman filozoflar "Fransız tek taraflılığının" üstesinden geldiklerinin bilincinde hissettiler
Sie musste keine wahren Forderungen repräsentieren, sondern sie repräsentierte Forderungen der Wahrheit
Gerçek gereksinimleri temsil etmek zorunda değildi, daha ziyade gerçeğin gereksinimlerini temsil ediyordu
es gab kein Interesse am Proletariat, sondern an der menschlichen Natur
proletaryaya ilgi yoktu, daha ziyade İnsan Doğasına ilgi vardı
das Interesse galt dem Menschen überhaupt, der keiner Klasse angehört und keine Wirklichkeit hat
ilgi, genel olarak hiçbir sınıfa ait olmayan ve gerçekliği olmayan insandaydı
ein Mann, der nur im nebligen Reich der philosophischen Fantasie existiert
sadece felsefi fantezinin puslu aleminde var olan bir adam
aber schließlich verlor auch dieser deutsche Schulsozialismus seine pedantische Unschuld
ama sonunda bu okul çocuğu Alman Sosyalizmi de bilgiçlik taslayan masumiyetini kaybetti
die deutsche Bourgeoisie und besonders die preußische Bourgeoisie kämpfte gegen die feudale Aristokratie
Alman Burjuvazisi ve özellikle Prusya Burjuvazisi feodal aristokrasiye karşı savaştı
auch die absolute Monarchie Deutschlands und Preußens wurde bekämpft
Almanya ve Prusya'nın mutlak monarşisine karşı da mücadele ediliyordu
Und im Gegenzug wurde auch die Literatur der liberalen Bewegung ernster

Ve buna karşılık, liberal hareketin edebiyatı da daha ciddi hale
geldi

**Deutschlands lang ersehnte Chance auf einen "wahren"
Sozialismus wurde geboten**

Almanya'nın uzun zamandır arzuladığı "gerçek" sosyalizm
fırsatı sunuldu

**die Möglichkeit, die politische Bewegung mit den
sozialistischen Forderungen zu konfrontieren**

siyasi hareketin karşısına sosyalist taleplerle çıkma fırsatı

**die Gelegenheit, die traditionellen Bannsprüche gegen den
Liberalismus zu schleudern**

Liberalizme karşı geleneksel aforozları fırlatma fırsatı

**die Möglichkeit, die repräsentative Regierung und die
Bourgeoisie Konkurrenz anzugreifen**

temsili hükümete ve Burjuva rekabetine saldırma fırsatı

**Pressefreiheit der Bourgeoisie, Bourgeoisie Gesetzgebung,
Bourgeoisie Freiheit und Gleichheit**

Burjuvazi basın özgürlüğü, Burjuvazi yasama, Burjuvazi
özgürlüğü ve eşitliği

**All dies könnte nun in der realen Welt kritisiert werden,
anstatt in der Fantasie**

Bunların hepsi artık fanteziden ziyade gerçek dünyada
eleştirilebilir

**Feudalaristokratie und absolute Monarchie hatten den
Massen lange gepredigt**

Feodal aristokrasi ve mutlak monarşi uzun zamandır kitlelere
vaaz veriyordu

**"Der Arbeiter hat nichts zu verlieren und er hat alles zu
gewinnen"**

"Emekçinin kaybedecek hiçbir şeyi yoktur ve kazanacak her
şeyi vardır"

**auch die Bourgeoisie bewegung bot eine Chance, sich mit
diesen Plattitüden auseinanderzusetzen**

Burjuva hareketi de bu basmakalıp sözlerle yüzleşmek için bir
şans sundu

die französische Kritik setzte die Existenz der modernen
Bourgeoisie Gesellschaft voraus
Fransız eleştirisi, modern burjuva toplumunun varlığını
varsayıyordu
Bourgeoisie, ökonomische Existenzbedingungen und
Bourgeoisie politische Verfassung
Burjuvazinin ekonomik varoluş koşulları ve burjuvazinin
siyasal kuruluşu
gerade die Dinge, deren Errungenschaft Gegenstand des in
Deutschland anstehenden Kampfes war
Almanya'da bekleyen mücadelenin amacı olan şeyler
Deutschlands albernes Echo des Sozialismus hat diese Ziele
gerade noch rechtzeitig aufgegeben
Almanya'nın aptalca sosyalizm yankısı, bu hedefleri tam
zamanında terk etti
Die absoluten Regierungen hatten ihre Gefolgschaft aus
Pfarrern, Professoren, Landjunkern und Beamten
Mutlak hükümetlerin papazları, profesörleri, ülke yaverlerini
ve memurlarını takip etmeleri gerekiyordu
die damalige Regierung begegnete den deutschen
Arbeiteraufständen mit Auspeitschungen und Kugeln
zamanın hükümeti, Alman işçi sınıfı ayaklanmalarını
dövülerek ve kurşunlarla karşıladı
ihnen diente dieser Sozialismus als willkommene
Vogelscheuche gegen die drohende Bourgeoisie
onlar için bu sosyalizm, tehditkar Burjuvaziye karşı hoş bir
korkuluk işlevi gördü
und die deutsche Regierung konnte nach den bitteren
Pillen, die sie austeilte, ein süßes Dessert anbieten
ve Alman hükümeti dağıttığı acı haplardan sonra tatlı bir tatlı
sunabildi
dieser "wahre" Sozialismus diente also den Regierungen als
Waffe im Kampf gegen die deutsche Bourgeoisie
bu "Gerçek" Sosyalizm, böylece hükümetlere Alman
Burjuvazisine karşı savaşmak için bir silah olarak hizmet etti

und gleichzeitig repräsentierte sie direkt ein reaktionäres Interesse; die der deutschen Philister

ve aynı zamanda, doğrudan gerici bir çıkarı temsil ediyordu; Alman Filistinlilerininki

In Deutschland ist das Kleinbourgeoisie die wirkliche gesellschaftliche Grundlage des bestehenden Zustandes

Almanya'da küçük-burjuva sınıfı, mevcut durumun gerçek toplumsal temelidir

Ein Relikt des sechzehnten Jahrhunderts, das immer wieder in verschiedenen Formen auftaucht

sürekli olarak çeşitli biçimler altında ortaya çıkan on altıncı yüzyılın bir kalıntısı

Diese Klasse zu bewahren bedeutet, den bestehenden Zustand in Deutschland zu bewahren

Bu sınıfı korumak, Almanya'daki mevcut durumu korumak demektir

Die industrielle und politische Vorherrschaft der Bourgeoisie bedroht das KleinBourgeoisie mit der sicheren Vernichtung

Burjuvazinin sınai ve siyasal üstünlüğü, küçük-burjuvaziyi kesin bir yıkımla tehdit etmektedir

auf der einen Seite droht sie das Kleinbourgeoisiedurch die Konzentration des Kapitals zu vernichten

bir yandan, sermayenin yoğunlaşması yoluyla küçük-burjuvaziyi yok etme tehdidinde bulunur

auf der anderen Seite droht die Bourgeoisie, sie durch den Aufstieg eines revolutionären Proletariats zu zerstören

öte yandan, burjuvazi, devrimci bir proletaryanın yükselişi yoluyla onu yok etmekle tehdit eder

Der "wahre" Sozialismus schien diese beiden Fliegen mit einer Klappe zu schlagen. Es breitete sich wie eine Epidemie aus

"Gerçek" sosyalizm bu iki kuş vurulmuş gibi görünüyordu. Salgın gibi yayıldı

Das Gewand spekulativer Spinnweben, bestickt mit Blumen der Rhetorik, durchtränkt vom Tau kränklicher Gefühle

Spekülatif örümcek ağlarının cübbesi, retorik çiçekleriyle
işlenmiş, hastalıklı duyguların çiyiyle demlenmişti
**dieses transzendentale Gewand, in das die deutschen
Sozialisten ihre traurigen "ewigen Wahrheiten" hüllten**
Alman Sosyalistlerinin üzücü "ebedi gerçeklerini" sardıkları
bu aşkın cübbe
**alle Haut und Knochen, dienten dazu, den Absatz ihrer
Waren bei einem solchen Publikum wunderbar zu
vermehren.**
Tüm deri ve kemik, böyle bir halk arasında mallarının satışını
harika bir şekilde artırmaya hizmet etti
**Und der deutsche Sozialismus seinerseits erkannte mehr
und mehr seine eigene Berufung**
Ve Alman Sosyalizmi kendi adına, kendi çağrısını giderek
daha fazla kabul etti
**sie war berufen, die bombastische Vertreterin des
Kleinbourgeoisie Philisters zu sein**
küçük-burjuva darkafalılığın gösterişli temsilcisi olarak
adlandırıldı
**Sie proklamierte die deutsche Nation als Musternation und
den deutschen Kleinphilister als Mustermann**
Alman ulusunu model ulus ve Alman küçük Filistinli'yi
model insan ilan etti
**Jeder schurkischen Gemeinheit dieses Mustermenschen gab
sie eine verborgene, höhere, sozialistische Deutung**
Bu örnek insanın her kötü alçaklığına gizli, daha yüksek,
Sosyalist bir yorum verdi
**diese höhere, sozialistische Deutung war das genaue
Gegenteil ihres wirklichen Charakters**
bu daha yüksek, Sosyalist yorum, gerçek karakterinin tam
tersiydi
**Sie ging so weit, sich der "brutal destruktiven" Tendenz des
Kommunismus direkt entgegenzustellen**
Komünizmin "vahşice yıkıcı" eğilimine doğrudan karşı
çıkmanın en uç noktasına kadar gitti

und sie proklamierte ihre höchste und unparteiische Verachtung aller Klassenkämpfe

ve tüm sınıf mücadelelerini yüce ve tarafsız bir şekilde küçümsediğini ilan etti

Mit sehr wenigen Ausnahmen gehören alle sogenannten sozialistischen und kommunistischen Publikationen, die jetzt (1847) in Deutschland zirkulieren, in den Bereich dieser üblen und entnervenden Literatur

Çok az istisna dışında, şimdi (1847) Almanya'da dolaşan tüm sözde Sosyalist ve Komünist yayınlar bu ve sinir bozucu literatürün alanına aittir

2) Konservativer Sozialismus oder bürgerlicher Sozialismus
2) Muhafazakar Sosyalizm veya Burjuva Sosyalizmi

Ein Teil der Bourgeoisie will soziale Missstände beseitigen
Burjuvazinin bir kısmı toplumsal sıkıntıları gidermeyi
arzuluyor
um den Fortbestand der Bourgeoisie Gesellschaft zu sichern
Burjuva toplumunun varlığını sürdürmesini güvence altına
almak için
**Zu dieser Sektion gehören Ökonomen, Philanthropen,
Menschenfreunde**
Bu bölüme ekonomistler, hayırseverler, insani yardım
görevlileri aittir
**Verbesserer der Lage der Arbeiterklasse und Organisatoren
der Wohltätigkeit**
İşçi sınıfının durumunu iyileştirenler ve hayırseverlik
örgütleyicileri
**Mitglieder von Gesellschaften zur Verhütung von
Tierquälerei**
Hayvanlara Zulmü Önleme Dernekleri üyeleri
**Mäßigkeitsfanatiker, Loch-und-Ecken-Reformer aller
erdenklichen Art**
Ölçülülük fanatikleri, akla gelebilecek her türden delik ve köşe
reformcuları
**Diese Form des Sozialismus ist überdies zu vollständigen
Systemen ausgearbeitet worden**
Üstelik, sosyalizmin bu biçimi, tam sistemler halinde
işlenmiştir
**Als Beispiel für diese Form sei Proudhons "Philosophie de
la Misère" angeführt**
Proudhon'un "Philosophie de la Misère"ini bu biçime örnek
olarak gösterebiliriz
**Die sozialistische Bourgeoisie will alle Vorteile der
modernen gesellschaftlichen Verhältnisse**
Sosyalist burjuvazi, modern toplumsal koşulların tüm
avantajlarını istemektedir

aber die sozialistische Bourgeoisie will nicht unbedingt die daraus resultierenden Kämpfe und Gefahren

ama Sosyalist Burjuvazi bunun sonucunda ortaya çıkan mücadeleleri ve tehlikeleri istemez

Sie wollen den bestehenden Zustand der Gesellschaft, abzüglich ihrer revolutionären und zerfallenden Elemente

Toplumun mevcut durumunu, devrimci ve parçalanan unsurları eksiltmek istiyorlar

mit anderen Worten, sie wünschen sich eine Bourgeoisie ohne Proletariat

başka bir deyişle, proletaryasız bir burjuvazi istiyorlar

Die Bourgeoisie begreift natürlich die Welt, in der sie die höchste ist, die Beste zu sein

Burjuvazi doğal olarak en iyi olmanın en üstün olduğu dünyayı kavrar

und der Bourgeoisie Sozialismus entwickelt diese bequeme Auffassung zu verschiedenen mehr oder weniger vollständigen Systemen

ve Burjuva Sosyalizmi bu rahat anlayışı az çok eksiksiz çeşitli sistemler halinde geliştirir

sie wünschen sich sehr, dass das Proletariat geradewegs in das soziale Neue Jerusalem marschiert

proletaryanın doğrudan doğruya toplumsal Yeni Kudüs'e yürümesini çok istiyorlar

Aber in Wirklichkeit verlangt sie, dass das Proletariat innerhalb der Grenzen der bestehenden Gesellschaft bleibt

ama gerçekte, proletaryanın mevcut toplumun sınırları içinde kalmasını gerektirir

sie fordern das Proletariat auf, alle seine hasserfüllten Ideen über die Bourgeoisie abzulegen

proletaryadan, burjuvazi hakkındaki tüm nefret dolu düşüncelerini bir kenara atmasını istiyorlar

es gibt eine zweite, praktischere, aber weniger systematische Form dieses Sozialismus

bu sosyalizmin daha pratik, ama daha az sistematik ikinci bir biçimi daha var

Diese Form des Sozialismus versuchte, jede revolutionäre Bewegung in den Augen der Arbeiterklasse abzuwerten
Sosyalizmin bu biçimi, her devrimci hareketi işçi sınıfının gözünde değersizleştirmeye çalışıyordu
Sie argumentieren, dass keine bloße politische Reform für sie von Vorteil sein könnte
Hiçbir siyasi reformun kendilerine herhangi bir fayda sağlayamayacağını savunuyorlar
nur eine Veränderung der materiellen Existenzbedingungen in den wirtschaftlichen Beziehungen ist von Nutzen
Ekonomik ilişkilerde yalnızca maddi varoluş koşullarındaki bir değişiklik yararlıdır
Wie der Kommunismus tritt auch diese Form des Sozialismus für eine Veränderung der materiellen Existenzbedingungen ein
Komünizm gibi, bu sosyalizm biçimi de maddi varoluş koşullarında bir değişikliği savunur
Diese Form des Sozialismus bedeutet jedoch keineswegs, dass die Bourgeoisie Produktionsverhältnisse abgeschafft werden
Ne var ki, sosyalizmin bu biçimi, hiçbir şekilde burjuvazinin üretim ilişkilerinin ortadan kaldırılması anlamına gelmez
die Abschaffung der Bourgeoisie Produktionsverhältnisse kann nur durch eine Revolution erreicht werden
Burjuvazinin üretim ilişkilerinin ortadan kaldırılması ancak bir devrimle sağlanabilir
Doch statt einer Revolution schlägt diese Form des Sozialismus Verwaltungsreformen vor
Ancak bir devrim yerine, bu sosyalizm biçimi idari reformlar önerir
und diese Verwaltungsreformen würden auf dem Fortbestand dieser Beziehungen beruhen
Ve bu idari reformlar, bu ilişkilerin varlığının devamına dayanacaktır
Reformen, die in keiner Weise die Beziehungen zwischen Kapital und Arbeit berühren

Bu nedenle, sermaye ile emek arasındaki ilişkileri hiçbir şekilde etkilemeyen reformlar

im besten Fall verringern solche Reformen die Kosten und vereinfachen die Verwaltungsarbeit der Bourgeoisie Regierung

en iyi ihtimalle, bu tür reformlar maliyeti düşürür ve Burjuva hükümetinin idari işlerini basitleştirir

Der Bourgeoisie Sozialismus kommt dann und nur dann adäquat zum Ausdruck, wenn er zur bloßen Redewendung wird

Burjuva sosyalizmi, ancak ve ancak sadece bir konuşma şekli haline geldiği zaman yeterli ifadeye kavuşur

Freihandel: zum Wohle der Arbeiterklasse

Serbest ticaret: işçi sınıfının yararına

Schutzpflichten: zum Wohle der Arbeiterklasse

Koruyucu görevler: işçi sınıfının yararına

Gefängnisreform: zum Wohle der Arbeiterklasse

Hapishane Reformu: İşçi Sınıfının Yararına

Das ist das letzte Wort und das einzig ernst gemeinte Wort des Bourgeoisie Sozialismus

Bu, Burjuva Sozializminin son sözü ve ciddi anlamda söylenen tek sözüdür

Sie ist in dem Satz zusammengefasst: Die Bourgeoisie ist eine Bourgeoisie zum Wohle der Arbeiterklasse

Şu cümleyle özetlenir: Burjuvazi, işçi sınıfının yararına bir Burjuvazidir

3) Kritisch-utopischer Sozialismus und Kommunismus
3) Eleştirel-Ütopik Sosyalizm ve Komünizm

Wir beziehen uns hier nicht auf jene Literatur, die den Forderungen des Proletariats immer eine Stimme gegeben hat

Burada, proletaryanın taleplerini her zaman dile getirmiş olan literatüre atıfta bulunmuyoruz

dies war in jeder großen modernen Revolution vorhanden, wie z. B. in den Schriften von Babeuf und anderen

bu, Babeuf ve diğerlerinin yazıları gibi her büyük modern devrimde mevcut olmuştur

Die ersten unmittelbaren Versuche des Proletariats, seine eigenen Ziele zu erreichen, scheiterten notwendigerweise

Proletaryanın kendi amaçlarına ulaşmaya yönelik ilk doğrudan girişimleri zorunlu olarak başarısız oldu

Diese Versuche wurden in Zeiten allgemeiner Aufregung unternommen, als die feudale Gesellschaft gestürzt wurde

Bu girişimler, feodal toplumun devrildiği evrensel heyecan zamanlarında yapıldı

Der damals noch unterentwickelte Zustand des Proletariats führte zum Scheitern dieser Versuche

Proletaryanın o zamanki gelişmemiş durumu, bu girişimlerin başarısız olmasına yol açtı

und sie scheiterten am Fehlen der wirtschaftlichen Voraussetzungen für ihre Emanzipation

ve kurtuluşu için ekonomik koşulların yokluğu nedeniyle başarısız oldular

Bedingungen, die erst noch geschaffen werden mussten und die durch die bevorstehende Epoche der Bourgeoisie allein hervorgebracht werden konnten

henüz üretilmemiş ve yalnızca yaklaşmakta olan Burjuvazi çağı tarafından üretilebilecek koşullar

Die revolutionäre Literatur, die diese ersten Bewegungen des Proletariats begleitete, hatte notwendigerweise einen reaktionären Charakter

Proletaryanın bu ilk hareketlerine eşlik eden devrimci yazın, zorunlu olarak gerici bir karaktere sahipti

Diese Literatur schärfte universelle Askese und soziale Nivellierung in ihrer gröbsten Form ein

Bu literatür, evrensel çileciliği ve sosyal seviyelendirmeyi en kaba biçimiyle telkin etti

Die sozialistischen und kommunistischen Systeme, die man eigentlich so nennt, entstehen in der frühen unentwickelten Periode

Sosyalist ve Komünist sistemler, doğru bir şekilde adlandırıldığında, gelişmemiş erken dönemde ortaya çıktı

Saint-Simon, Fourier, Owen und andere beschrieben den Kampf zwischen Proletariat und Bourgeoisie (siehe Abschnitt 1)

Saint-Simon, Fourier, Owen ve diğerleri, proletarya ile burjuvazi arasındaki mücadeleyi tanımladılar (bakınız Kısım 1)

Die Begründer dieser Systeme sehen in der Tat die Klassengegensätze

Bu sistemlerin kurucuları, gerçekten de, sınıf karşıtlıklarını görürler

Sie sehen auch das Wirken der sich zersetzenden Elemente in der herrschenden Gesellschaftsform

Ayrıca, çürüyen unsurların eylemini, hakim toplum biçiminde görürler

Aber das Proletariat, das noch in den Kinderschuhen steckt, bietet ihnen das Schauspiel einer Klasse ohne jede historische Initiative

Ama henüz emekleme aşamasında olan proletarya, onlara herhangi bir tarihsel inisiyatifi olmayan bir sınıf gösterisi sunuyor

Sie sehen das Schauspiel einer sozialen Klasse ohne unabhängige politische Bewegung

Herhangi bir bağımsız siyasi hareketin olmadığı bir sosyal sınıfın gösterisini görüyorlar

Die Entwicklung des Klassengegensatzes hält mit der Entwicklung der Industrie Schritt

Sınıf karşıtlığının gelişmesi, sanayinin gelişmesine ayak uydurur

Die ökonomische Lage bietet ihnen also noch nicht die materiellen Bedingungen für die Befreiung des Proletariats

Demek ki, ekonomik durum henüz onlara proletaryanın kurtuluşu için maddi koşulları sunmamaktadır

Sie suchen also nach einer neuen Sozialwissenschaft, nach neuen sozialen Gesetzen, die diese Bedingungen schaffen sollen

Bu nedenle, bu koşulları yaratacak yeni bir sosyal bilimin, yeni sosyal yasaların peşinde koşarlar

historisches Handeln besteht darin, sich ihrem persönlichen erfinderischen Handeln zu beugen

Tarihsel eylem, onların kişisel yaratıcı eylemlerine boyun eğmektir

Historisch geschaffene Emanzipationsbedingungen sollen phantastischen Verhältnissen weichen

Tarihsel olarak yaratılmış özgürleşme koşulları, fantastik koşullara boyun eğmektir

und die allmähliche, spontane Klassenorganisation des Proletariats soll der Organisation der Gesellschaft weichen

Ve proletaryanın tedrici, kendiliğinden sınıf örgütlenmesi, toplumun örgütlenmesine boyun eğecektir

die Organisation der Gesellschaft, die von diesen Erfindern eigens ersonnen wurde

Bu mucitler tarafından özel olarak tasarlanan toplumun organizasyonu

Die zukünftige Geschichte löst sich in ihren Augen in die Propaganda und die praktische Durchführung ihrer sozialen Pläne auf

Gelecek tarih, onların gözünde, toplumsal planlarının propagandasına ve pratik uygulamasına dönüşür

Bei der Ausarbeitung ihrer Pläne sind sie sich bewußt, daß sie sich in erster Linie um die Interessen der Arbeiterklasse kümmern

Onlar, planlarını oluştururken, esas olarak işçi sınıfının çıkarlarını gözetmenin bilincindedirler

Nur unter dem Gesichtspunkt, die leidendste Klasse zu sein, existiert das Proletariat für sie

Proletarya ancak en çok acı çeken sınıf olma açısından onlar için var olur

Der unentwickelte Zustand des Klassenkampfes und ihre eigene Umgebung prägen ihre Meinungen

Sınıf mücadelesinin gelişmemiş durumu ve kendi çevreleri onların görüşlerini bilgilendirir

Sozialisten dieser Art halten sich allen Klassengegensätzen weit überlegen

Bu tür sosyalistler kendilerini tüm sınıf karşıtlıklarından çok daha üstün görürler

Sie wollen die Lage jedes Mitglieds der Gesellschaft verbessern, auch die der Begünstigten

Toplumun her üyesinin, hatta en çok tercih edilenlerin bile durumunu iyileştirmek istiyorlar

Daher appellieren sie gewöhnlich an die Gesellschaft als Ganzes, ohne Unterschied der Klasse

Bu nedenle, sınıf ayrımı yapmaksızın genel olarak topluma hitap etmeyi alışkanlık haline getirirler

Ja, sie appellieren an die Gesellschaft als Ganzes, indem sie die herrschende Klasse bevorzugen

Hayır, egemen sınıfı tercih ederek toplumun geneline hitap ederler

Für sie ist alles, was es braucht, dass andere ihr System verstehen

Onlara göre, tek gereken başkalarının sistemlerini anlamasıdır

Denn wie können die Menschen nicht erkennen, dass der bestmögliche Plan für den bestmöglichen Zustand der Gesellschaft ist?

Çünkü insanlar mümkün olan en iyi planın toplumun mümkün olan en iyi durumu için olduğunu nasıl göremezler?

Daher lehnen sie jede politische und vor allem jede revolutionäre Aktion ab

Bu nedenle, her türlü politik ve özellikle de tüm devrimci eylemleri reddederler

Sie wollen ihre Ziele mit friedlichen Mitteln erreichen

amaçlarına barışçıl yollarla ulaşmak isterler

Sie bemühen sich durch kleine Experimente, die notwendigerweise zum Scheitern verurteilt sind

Zorunlu olarak başarısızlığa mahkûm olan küçük deneylerle çabalarlar

und durch die Kraft des Beispiels versuchen sie, den Weg für das neue soziale Evangelium zu ebnen

ve örnek gücüyle yeni sosyal Müjde'nin yolunu açmaya çalışırlar

Welch phantastische Bilder von der zukünftigen Gesellschaft, gemalt in einer Zeit, in der sich das Proletariat noch in einem sehr unterentwickelten Zustand befindet

Proletaryanın hala çok gelişmemiş bir durumda olduğu bir zamanda boyanmış, gelecekteki toplumun bu tür fantastik resimleri

und sie hat immer noch nur eine phantastische Vorstellung von ihrer eigenen Stellung

Ve hala kendi konumu hakkında fantastik bir anlayışa sahiptir

aber ihre ersten instinktiven Sehnsüchte entsprechen den Sehnsüchten des Proletariats

Ama onların ilk içgüdüsel özlemleri, proletaryanın özlemlerine tekabül eder

Beide sehnen sich nach einem allgemeinen Umbau der Gesellschaft

Her ikisi de toplumun genel olarak yeniden inşası için can atıyor

Aber diese sozialistischen und kommunistischen Veröffentlichungen enthalten auch ein kritisches Element

Ancak bu Sosyalist ve Komünist yayınlar aynı zamanda
eleştirel bir unsur da içermektedir
Sie greifen jedes Prinzip der bestehenden Gesellschaft an
Mevcut toplumun her ilkesine saldırıyorlar
**Daher sind sie voll von den wertvollsten Materialien für die
Aufklärung der Arbeiterklasse**
Bu nedenle, işçi sınıfının aydınlanması için en değerli
malzemelerle doludurlar
**Sie schlagen die Abschaffung der Unterscheidung zwischen
Stadt und Land und der Familie vor**
Kasaba ve kır arasındaki ayrımın ve aile arasındaki ayrımın
kaldırılmasını öneriyorlar
**die Abschaffung des Gewerbetreibens für Rechnung von
Privatpersonen**
Sanayilerin özel şahıslar hesabına yürütülmesinin kaldırılması
**und die Abschaffung des Lohnsystems und die
Proklamation des sozialen Friedens**
ve ücret sisteminin kaldırılması ve sosyal uyumun ilan
edilmesi
**die Verwandlung der Funktionen des Staates in eine bloße
Aufsicht über die Produktion**
Devletin işlevlerinin salt bir üretim denetimine
dönüştürülmesi
**Alle diese Vorschläge deuten einzig und allein auf das
Verschwinden der Klassengegensätze hin**
Bütün bu öneriler, yalnızca sınıf karşıtlıklarının ortadan
kalkmasına işaret etmektedir
**Klassengegensätze waren damals gerade erst im Entstehen
begriffen**
Sınıf karşıtlıkları, o zamanlar, daha yeni yeni ortaya çıkıyordu
**In diesen Veröffentlichungen werden diese
Klassengegensätze nur in ihren frühesten, undeutlichen und
unbestimmten Formen anerkannt**
Bu yayınlarda, bu sınıf karşıtlıkları yalnızca en eski, belirsiz ve
tanımlanmamış biçimleriyle tanınır
Diese Vorschläge haben also rein utopischen Charakter

Bu nedenle, bu öneriler tamamen ütopik bir karaktere sahiptir

Die Bedeutung des kritisch-utopischen Sozialismus und des Kommunismus steht in einem umgekehrten Verhältnis zur historischen Entwicklung

Eleştirel-Ütopik Sosyalizm ve Komünizmin önemi, tarihsel gelişmeyle ters bir ilişki içindedir

Der moderne Klassenkampf wird sich entwickeln und weiter konkrete Gestalt annehmen

Modern sınıf mücadelesi gelişecek ve belirli bir şekil almaya devam edecektir

Dieses fantastische Ansehen des Wettbewerbs wird jeden praktischen Wert verlieren

Yarışmadaki bu harika duruş tüm pratik değerini kaybedecek

Diese phantastischen Angriffe auf die Klassengegensätze verlieren jede theoretische Rechtfertigung

Sınıf karşıtlıklarına yönelik bu fantastik saldırılar tüm teorik gerekçelerini yitirecektir

Die Urheber dieser Systeme waren in vielerlei Hinsicht revolutionär

Bu sistemlerin yaratıcıları birçok bakımdan devrimciydi

Aber ihre Jünger haben in jedem Fall bloße reaktionäre Sekten gebildet

ama onların müritleri, her durumda, sadece gerici mezhepler oluşturmuşlardır

Sie halten an den ursprünglichen Ansichten ihrer Meister fest

Efendilerinin orijinal görüşlerine sıkı sıkıya tutunurlar

Aber diese Anschauungen stehen im Gegensatz zur fortschreitenden geschichtlichen Entwicklung des Proletariats

Ama bu görüşler proletaryanın ilerici tarihsel gelişimine karşıdır

Sie bemühen sich daher, und zwar konsequent, den Klassenkampf abzustumpfen

Bu nedenle, sürekli olarak sınıf mücadelesini köreltmeye çalışırlar

Und sie bemühen sich konsequent, die Klassengegensätze zu versöhnen

ve sürekli olarak sınıf karşıtlıklarını uzlaştırmaya çalışırlar

Noch träumen sie von der experimentellen Umsetzung ihrer gesellschaftlichen Utopien

Hala sosyal ütopyalarının deneysel olarak gerçekleştirilmesini hayal ediyorlar

sie träumen immer noch davon, isolierte "Phalanster" zu gründen und "Heimatkolonien" zu gründen

hala izole "falansterler" kurmayı ve "Ev Kolonileri" kurmayı hayal ediyorlar

sie träumen davon, eine "Kleine Ikaria" zu errichten – Duodecimo-Ausgaben des Neuen Jerusalem

Yeni Kudüs'ün duodecimo baskıları olan bir "Küçük İkarya" kurmayı hayal ediyorlar

Und sie träumen davon, all diese Luftschlösser zu verwirklichen

Ve tüm bu kaleleri havada gerçekleştirmeyi hayal ediyorlar

Sie sind gezwungen, an die Gefühle und den Geldbeutel der Bourgeoisie zu appellieren

burjuvaların duygularına ve cüzdanlarına hitap etmek zorunda kalırlar

Nach und nach sinken sie in die Kategorie der oben dargestellten reaktionären konservativen Sozialisten

Derece derece, yukarıda tasvir edilen gerici muhafazakar Sosyalistler kategorisine giriyorlar

sie unterscheiden sich von diesen nur durch systematischere Pedanterie

Bunlardan sadece daha sistematik bilgiçlik ile ayrılırlar

und sie unterscheiden sich durch ihren fanatischen und abergläubischen Glauben an die Wunderwirkungen ihrer Sozialwissenschaft

ve sosyal bilimlerinin mucizevi etkilerine olan fanatik ve batıl inançlarıyla farklılık gösterirler

Sie widersetzen sich daher gewaltsam jeder politischen Aktion der Arbeiterklasse

Bu nedenle onlar, işçi sınıfının her türlü siyasi eylemine şiddetle karşı çıkarlar

ein solches Handeln kann ihrer Meinung nach nur aus blindem Unglauben an das neue Evangelium resultieren

Onlara göre, böyle bir eylem ancak yeni İncil'e körü körüne inançsızlıktan kaynaklanabilir

Die Owenisten in England und die Fourieristen in Frankreich stehen den Chartisten und den "Réformisten" entgegen

İngiltere'deki Owenites ve Fransa'daki Fourierciler, Çartistlere ve "Réformistes"e karşı çıkıyorlar

Stellung der Kommunisten zu den verschiedenen bestehenden Oppositionsparteien

Komünistlerin Mevcut Çeşitli Muhalefet Partileri Karşısındaki Konumu

Abschnitt II hat die Beziehungen der Kommunisten zu den bestehenden Arbeiterparteien deutlich gemacht

II. Bölüm, Komünistlerin mevcut işçi sınıfı partileriyle ilişkilerini açıklığa kavuşturmuştur

wie die Chartisten in England und die Agrarreformer in Amerika

İngiltere'deki Çartistler ve Amerika'daki Tarım Reformcuları gibi

Die Kommunisten kämpfen für die Erreichung der unmittelbaren Ziele

Komünistler acil hedeflere ulaşmak için savaşırlar

Sie kämpfen für die Durchsetzung der momentanen Interessen der Arbeiterklasse

Onlar, işçi sınıfının anlık çıkarlarının dayatılması uğruna mücadele ederler

Aber in der politischen Bewegung der Gegenwart repräsentieren und kümmern sie sich auch um die Zukunft dieser Bewegung

Ancak bugünün siyasi hareketinde, aynı zamanda bu hareketin geleceğini temsil eder ve onunla ilgilenirler

In Frankreich verbünden sich die Kommunisten mit den Sozialdemokraten

Fransa'da Komünistler, Sosyal-Demokratlarla ittifak halindedirler

und sie positionieren sich gegen die konservative und radikale Bourgeoisie

ve kendilerini muhafazakar ve radikal burjuvaziye karşı konumlandırıyorlar

sie behalten sich jedoch das Recht vor, eine kritische Position gegenüber Phrasen und Illusionen einzunehmen, die traditionell aus der großen Revolution überliefert sind

bununla birlikte, geleneksel olarak büyük Devrim'den
aktarılan ifadeler ve yanılsamalar konusunda eleştirel bir
pozisyon alma hakkını saklı tutarlar

**In der Schweiz unterstützt man die Radikalen, ohne dabei
aus den Augen zu verlieren, dass diese Partei aus
antagonistischen Elementen besteht**

İsviçre'de, bu partinin muhalif unsurlardan oluştuğu gerçeğini
gözden kaçırmadan Radikalleri destekliyorlar

**teils von demokratischen Sozialisten im französischen
Sinne, teils von radikaler Bourgeoisie**

kısmen Demokratik Sosyalistlerin, kısmen Fransız anlamında
radikal Burjuvazinin

**In Polen unterstützen sie die Partei, die auf einer
Agrarrevolution als Hauptbedingung für die nationale
Emanzipation beharrt**

Polonya'da, ulusal kurtuluşun temel koşulu olarak bir tarım
devriminde ısrar eden partiyi destekliyorlar

**jene Partei, die 1846 den Krakauer Aufstand angezettelt
hatte**

1846'da Krakov ayaklanmasını kışkırtan parti

**In Deutschland kämpft man mit der Bourgeoisie, wenn sie
revolutionär handelt**

Almanya'da, ne zaman devrimci bir tarzda hareket etse,
burjuvazi ile birlikte savaşırlar

**gegen die absolute Monarchie, das feudale Eichhörnchen
und das Kleinbourgeoisie**

mutlak monarşiye, feodal yaverşiye ve küçük burjuvaziye
karşı

**Aber sie hören nicht auf, der Arbeiterklasse auch nur einen
Augenblick lang eine bestimmte Idee einzuflößen**

Ama işçi sınıfına belirli bir fikri aşılamaktan bir an bile
vazgeçmezler

**die klarste Erkenntnis des feindlichen Antagonismus
zwischen Bourgeoisie und Proletariat**

Burjuvazi ile proletarya arasındaki düşmanca karşıtlığın
mümkün olan en açık şekilde tanınması

damit die deutschen Arbeiter sofort von den ihnen zur Verfügung stehenden Waffen Gebrauch machen können

böylece Alman işçileri ellerindeki silahları hemen kullanabilsinler

die sozialen und politischen Bedingungen, die die Bourgeoisie mit ihrer Herrschaft notwendigerweise einführen muss

Burjuvazinin üstünlüğüyle birlikte zorunlu olarak ortaya koyması gereken toplumsal ve siyasal koşullar

der Sturz der reaktionären Klassen in Deutschland ist unvermeidlich

Almanya'da gerici sınıfların çöküşü kaçınılmazdır

und dann kann der Kampf gegen die Bourgeoisie selbst sofort beginnen

ve o zaman Burjuvazinin kendisine karşı mücadele hemen başlayabilir

Die Kommunisten richten ihre Aufmerksamkeit hauptsächlich auf Deutschland, weil dieses Land am Vorabend einer Bourgeoisie Revolution steht

Komünistler dikkatlerini esas olarak Almanya'ya çevirirler, çünkü bu ülke bir burjuva devriminin arifesindedir

eine Revolution, die unter den fortgeschritteneren Bedingungen der europäischen Zivilisation durchgeführt werden muss

Avrupa uygarlığının daha ileri koşulları altında gerçekleştirilmesi kaçınılmaz olan bir devrim

Und sie wird mit einem viel weiter entwickelten Proletariat durchgeführt werden

Ve çok daha gelişmiş bir proletarya ile gerçekleştirilmesi kaçınılmazdır

ein Proletariat, das weiter fortgeschritten war als das Englands im 17. und Frankreichs im 18. Jahrhundert

on yedinci yüzyılda İngiltere'ninkinden ve on sekizinci yüzyılda Fransa'nınkinden daha ileri bir proletarya vardı

und weil die Bourgeoisie Revolution in Deutschland nur das Vorspiel zu einer unmittelbar folgenden proletarischen Revolution sein wird

ve Almanya'daki Burjuva devrimi, hemen ardından gelen proleter devrimin başlangıcından başka bir şey olmayacağı için

Kurz gesagt, die Kommunisten unterstützen überall jede revolutionäre Bewegung gegen die bestehende soziale und politische Ordnung der Dinge

Kısacası, Komünistler her yerde, mevcut toplumsal ve siyasal düzene karşı her devrimci hareketi desteklerler

In all diesen Bewegungen rücken sie als Leitfrage die Eigentumsfrage in den Vordergrund

Bütün bu hareketlerde, her birinin önde gelen sorunu olarak mülkiyet sorununu öne çıkarırlar

unabhängig davon, wie hoch der Entwicklungsstand in diesem Land zu diesem Zeitpunkt ist

o sırada o ülkedeki gelişmişlik derecesi ne olursa olsun

Schließlich setzen sie sich überall für die Vereinigung und Zustimmung der demokratischen Parteien aller Länder ein

Son olarak, her yerde tüm ülkelerin demokratik partilerinin birliği ve anlaşması için çalışırlar

Die Kommunisten verschmähen es, ihre Ansichten und Ziele zu verheimlichen

Komünistler görüşlerini ve amaçlarını gizlemeye tenezzül etmezler

Sie erklären offen, dass ihre Ziele nur durch den gewaltsamen Umsturz aller bestehenden gesellschaftlichen Verhältnisse erreicht werden können

Amaçlarına ancak mevcut tüm toplumsal koşulların zorla yıkılmasıyla ulaşılabileceğini açıkça ilan ederler

Mögen die herrschenden Klassen vor einer kommunistischen Revolution zittern

Egemen sınıflar komünist bir devrim karşısında titresin

Die Proletarier haben nichts zu verlieren als ihre Ketten

Proleterlerin zincirlerinden başka kaybedecek bir şeyleri
yoktur
Sie haben eine Welt zu gewinnen
Kazanacakları bir dünya var
ARBEITER ALLER LÄNDER, VEREINIGT EUCH!
BÜTÜN ÜLKELERIN EMEKÇILERI, BIRLEŞIN!

www.ingramcontent.com/pod-product-compliance
Lightning Source LLC
Chambersburg PA
CBHW011737020426
42333CB00024B/2932